U0449413

译文经典

罪责论
Die Schuldfrage
Karl Jaspers

〔德〕卡尔·雅斯贝斯 著

寇亦青 译

上海译文出版社

《罪责论》中文版序

徐贲

雅斯贝斯（Karl Jaspers）是 20 世纪德国最重要的存在主义哲学家之一，也是一位杰出的神学家和精神病学家，1854 年出生在德国西北部的奥尔登堡（Oldenburg）。他在二战后努力不懈思考极权罪恶和世界和平，赢得了"世界公民"的美誉。他用哲学阐述了一个以普世价值为依据的人类共同世界。但是，那并不是他所生活的现实世界。事实上，从上个世纪 30 年代开始，雅斯贝斯就一直生活在一个特别难以成为世界公民的时代。从 1933 年纳粹上台到 1945 年纳粹覆灭，他生活在一个以践踏人性、屠杀人类而恶名昭著的邪恶统治之下。

在 20 世纪的世界，不只是纳粹政权，而且是其他极权统治，都以割裂人类共体性为其特征，都把消灭异己群体和反对者作为维持它暴力专制的根本手段。即使在纳粹覆灭之后，雅斯贝斯在思考世界和平的时候，仍然非常重视现实世界中存在的极权统治，把它看成是建立自由人类共同秩序的一大障碍，他在《罪责论》（*Die Schuldfrage*，1946；*The Question of German Guilt*，1947）这个小册子里探讨的是纳粹极权统治下德国人的四种"罪责"（guilt）。1969年，雅斯贝斯是带着德国极权留在德国人道德良心上的重负离开人世的。

1933年纳粹在德国上台成为雅斯贝斯生存世界和他思想的转折点。雅斯贝斯自己说，他认真思考普世历史是从1937年开始的。那一年他因为妻子格特露德（Gertrud Jaspers）是犹太人而失去了教职。战后他才知道，纳粹当局已经决定将他和他的妻子于1945年4月14日遣送到波兰的集中营。思考普世人类成为雅斯贝斯对纳粹雅利安优越论的生存反抗。普世主义是雅斯贝斯在一生中最后三十年思考的主要问题，改变了他的存在主义哲学。

在纳粹统治时期，雅斯贝斯被作为"犹太人家属"划入"异类"。随着纳粹排犹屠犹越来越野蛮酷烈，雅斯贝斯夫妇越来越直接生活在死亡的黑暗恐惧之中。纳粹统治将共同体的人割裂成敌我对立、你死我活、不能共存的人群。那些"坏身份"的人（犹太人、犹太人的配偶，等等）被非人化并成为被消灭的对象。所有的人，无论身份好坏、优劣，都必须以纳粹极权强加于他们的身份去生活和对待别人。外加的身份取消了所有人最基本的"人"的身份意义。纳粹极权和一切其他极权统治一样，不允许任何人有丝毫想象人类共同存在的可能。极权统治要彻底否定和践踏的是人类一体理念的正当性。它宣扬和实行的就是人对人的残忍，人对人的迫害和人对人的屠杀。

早在1939年到1942年的日记中，雅斯贝斯就已经在思考罪感问题。他的妻子格特露德是犹太人，他们面临的正是一个在格特露德遭遇不幸时，他们两个"要么一起活，要么就都不活"的现实世界困境。在雅斯贝斯的日记里和格特露德给她兄弟的信里，他们都谈到了"活着"带给他们的困境思考，不只是在残酷的迫害环境中我如何求生，而且更是在别人死了以后，我活着如何面对我的罪感。雅斯贝斯和格特露德约定，一旦格特露德的生命遭遇危险，他们就一起自杀。格特露德在绝望时，觉得她应该牺牲自己，好让雅斯贝斯活下去，继续他的哲学写作。雅斯贝斯在1942年5月2日的日记中写道，如果他在这个时刻背弃对妻子的责任和她的信任，他的哲学"也就毫无意义"。

在纳粹统治下，雅斯贝斯只能在与自己妻子的关系中坚守一种最低程度的人际共存。哪怕只有两个人，他至少也要在这个关系中坚守由承诺和信任缔结的人际团结和忠诚。极权统治通过否定和破坏一切人与人之间的忠诚关系，将人陷入彻底的孤独。彻底孤独的人才愿意无条件地向统治权力奉献他的全部的、绝对的忠诚和顺从。在极权统治下，朋友、同事、熟人，甚至夫妻、父母和子女之间的相互背叛和出卖，从根本上瓦解了人们共同存在意识的根基。在这种情况下，雅斯贝斯坚持一种不同的活法，以"一个人"与"另一个人"，而不是"一种人"与"另一种人"的关系来分担妻子的不幸遭遇，也就有了一种弱者抵抗的意义，这种抵抗的哲学含义体现在《罪责论》对两种"集体罪责"的论述中：政治罪责和道德罪责。

在《罪责论》中，他把德国人在纳粹极权统治下的罪责区分为刑责①、政治、道德和灵魂（形而上）四种。

第一种是刑法罪责。负有刑法罪责的是那些违犯法律并在正当法律程序中被定罪的人。这里的法律不一定是指一国内现有的实在法，因为这种实在法本身就可能是违背道德的更高法的（如自然法和国际法）。刑法罪责是由审判罪犯的法庭来确定的。就德国情况而言，先是由在纽伦堡的国际法庭追究纳粹首恶们的刑事责任，然后由德国司法机构继续追究犯有重大罪行的纳粹分子。对刑法罪责的裁判归法庭所有。

第二种是政治罪责，现代国家的所有公民都必须为国家之罪承担政治罪责，因为在现代国家中的每一个公民都不是

---

① 序言中"刑责"或"刑法罪责"对应正文中"法律罪责"或"刑事罪责"。——编者

非政治的。无论一个公民喜欢不喜欢他的政府，政府的所作所为的后果必然涉及所有的公民。政治罪责对于那些反对国家罪行的公民看似不公正，但是每个公众却仍然必须为他的政府行为担负责任。正因为如此，每个公民有权利自由参与公共事务，积极对之施加影响，以避免承担他认为不公正的那种责任。在公共事务中不参与、不表态是一种变相合作的做法，政治责任更不容推卸。政治罪责面对的是国家历史的法庭。

第三种是道德罪责。道德罪责是个人在自己的良心法庭面前担负的责任。道德罪责的前提是绝对诚实，任何一个人的内心别人都无法知晓，所以每个人的道德罪责都必须由他自己来确定。然而每一个人却又必须不用任何借口逃避检查自己的道德。道德思过虽为个人独自的自我评估，但个人之间可以自由地相互交流，相互帮助，以在道德问题上取得较为清晰的（共同）认识。

第四是灵魂罪责，"一个人对世界上一切的不公——尤其发生在身边的、自己知道的罪行——都有感同身受的责任感，即所谓人类的整体意识"。这是幸存者对他所知道的冤死者或受害者所负的责任。尽管一个人并未加害另一个人，因而不能为那个人遭遇的恶负有刑法或道德责任，但出于人类共同体责任的本体联系，他仍然会因为不能阻止恶，在恶发生后仍苟活于世而有负罪之感。在别人受难时，谁淡漠旁观，无动于衷，谁在自己的良心前犯下的是道德罪过。谁若为之愤慨，但又无力阻止，谁仍会感觉到自己的灵魂罪过。人的灵魂罪责面临的不是自我良心的法庭，而是上帝的法庭。雅斯贝斯特别指出，这种灵魂罪感关乎的是真实的人——家庭、熟人、朋友、邻居，而不是抽象的"人类"，"这个标准无关乎人类整体、国籍和群体，仅限于最狭窄的人际交往圈，它让我们所有人产生了负罪感。只有上帝才是审判者"。

在非基督教的伦理文化中，个人与其罪责是在认知或道德层面，而不是人与上帝的关系上联系在一起的。但是，雅斯贝斯的基督教罪感有助于我们理解"罪"的性质。福音书很少关注罪本身，更不讨论罪的根源，而是直接关注"罪人"和"罪责"。耶稣训导人们悔改，因为"罪人"必须通过悔改来为天国的降临做准备。在罪的问题上，重要的不是消灭罪的存在，而是拯救罪人，只有诚心诚意地承认自己的罪责，才能有真心实意的悔罪和付诸实施的悔改。

这样看待罪和罪人有着重要的现实意义，因为"罪人"一方面昭示了罪的普遍性，另一方面则昭示了罪的个体性。罪人是普通的人，不是特殊的恶魔；而且，"罪"必然离不开具体的个人。

罪不是一种抽象的力量，不是能离开个人而独立存在的黑暗势力。离开了个人，空洞论罪变得没有意义。在这个意义上可以说，只有具体的"罪人"，只有每个人的具体罪过，而没有抽象的罪的根源。只有承认个人是罪的根源，悔罪才有意义，也只有承认罪是每个人的罪，悔改才不至变成对罪责变相的推诿与开脱。

雅斯贝斯指出，刑法和政治罪责是一个民族全体人民在历史性反思时所作的集体自我分析，而道德和灵魂罪责都是由个人自己决定的，是个人的自我审视。雅斯贝斯进一步指出，除非先有个人的自我审视，不可能有集体的自我剖析。如果个人能够首先做到，然后以交际的方式真正汇集到一起，那么就能扩大为许许多多人的意识，这种意识可以称作为民族意识。

在重大的历史劫难之后，刑法罪责其实是一种胜利者对失败者的政治报复，如果命运眷顾的是失败者，那么刑法追究的就会是另一批罪犯的罪责。刑法罪责与灵魂罪责不同。灵魂罪是建立在基督教意义的"罪感"上的，也就是我们常说的"良心罪"。这种罪感是在与羞耻感的分辨中产生的，也是道德感进化的一个标志（例如古希腊人就是从"羞耻文化"转化为"罪感文化"的，而不是反之）。

罪感文化的特征是凡事都有一个对错之分，区分具有普遍意义的道德上的对和错，依据的权威可以是超然的（如上帝），也可以是世俗的（如高于任何个人或权力的国家法律）。罪感文化中的人，会因为对错、是非的意识而对自己的个人错误行为怀有"罪感",有时候这种错误行为甚至并不为他人所知。

羞耻文化与罪感文化不同,在羞耻文化中,客观的"罪"和内心的"罪感"都退居次要或不重要的位置。一个人的行为,它的对错本身并不太重要,重要的是别人会如何看待他的行为。羞耻因此并没有不变或普遍的标准。如果别人(他在意的人)觉得好,他便觉得有"面子"或"荣誉",如果别人觉得不好,他便觉得"丢人"、"没面子"或"羞耻"。如果做一件事会令当事人(和他的亲近者)蒙羞,那么就算是对的,他也不会去做。反之,如果做一件事会让当事人"有面子",那么就算是错的,他也必须去做。例如,篡改历史是错的,但是,为了维护犯下历史错误的政权的颜面(不这么做就会"损害威信"),就算是错的,也必须去做,做了还很"合理"。

虽然雅斯贝斯先讨论政治和道德罪责,后讨论灵魂罪责,但其实灵魂罪责是政治和道德罪责的最终依据(其实也应该是刑法罪责的标准),在秩序上应该优先。政治和道德罪责又被称为"集体罪责"(collective guilt),是四种罪责中最有争议的。集体罪责是心理分析学家卡尔·荣格(Carl Jung)于1945提出来的,他说,德国人民因同胞的暴行而感到"集体内疚"或"集体罪恶感"(Kollektivschuld),"对心理学家来说,集体罪恶感是一个事实,让德国人承认这种罪恶感，将是治疗（他们）的最重要任务之一"。这种内疚或罪感需要来自德国人自己，而不是从外面强加于他们，否则就会成为一种羞辱而不是道德治疗。

正因为如此，有人会在内心抵触集体罪感，认为是罪责株连。有人会说，我没有迫害过别人，没有对任何人作恶，我甚至是别人迫害和作恶的受害者，为什么我要与那些作恶者一样负担罪责呢？甚至连作恶者都可以说，我做坏事是因为上当受骗和被宣传洗脑，我也是受害者，我犯的是"无知之罪"。言下之意是，我应该因"无知"而免罪，所以无罪可言。《罪责论》最重要的现实意义正在于否定了这两种"无罪"论，因为它强调的是必须由每一个人自己的灵魂和良心所感知的"与我有关的罪"。如果一个人灵魂坏死或良心泯灭，那么，无论别人怎么说服他，也是没有办法让他感知这种集体政治和道德罪过的。

所以，《罪责论》的目的不是给德国人定罪，而是要唤醒战后他们的灵魂与良知，因为承认国人的集体罪责乃是德国政治和道德重生的一个条件。如果没有这样的认识，德国人是没有办法面对灾难和邪恶的过去，并进行反思的。对于发生在德国之外的邪恶和灾难，这个认识也同样具有普遍的意义。

一般而言，有四种面对过去的不同态度。第一种是重新诠释，例如，日本人重新诠释他们二战期间在中国的大陆以及台湾地区、东南亚的侵略和暴行史，又例如，在中国有人用"前三十年后三十年"论来"重新看待文革"。第二种是用封闭的办法来"冷藏"过去，把它当成禁忌话题，其中的许多人物与事件都成为禁区。第三种是刻意与过去划清界限，仿佛历史在某一个时间点上突然断裂，不再连贯，而生活在同一块土地上的人民则在同一时间变得与过去无关。二战后德国分裂为东德、西德，东德采取的就是这种方式。第四种是积极面对过去，西德从20世纪50年代后期开始从历史、法律、人权等角度来反思纳粹统治的过去，便是一个典型的例子，而雅斯贝斯的《罪责论》正是对促进这种反思做出了重要贡献。

面对和反思极权灾难的过去不只是与灾难有关的那一代人，而且也包括子孙后代。著名的德国作家本哈德·施林克（Bernhard Schlink）是雅斯贝斯"集体罪责"论的支持者，他在名著《朗读者》（*Der Vorleser*，1995）中提出的就是一个与此相关的，具有普遍意义的问题：后代人可以如何在不割舍个人对父辈亲情的情况下，对父辈参与造成的集体灾难记忆保持应有的记忆，并做出应有的道德评价和反思。

战后至今不止一代的德国人，他们"面对过去"各有自己的特征和障碍，今天的记忆者中大多数已经是纳粹的第二代、第三代，他们碰到的问题之一便是如何对待个人亲情与公共道德的"灵魂"或"良知"之间的冲突。用雅斯贝斯的话来说，就是为什么发生在"我们"中间的罪恶，我们所有的人，包括子孙后代都应该在上帝面前感觉到自己的一份罪感。

《罪责论》是一本七十多年前的小册子，今天终于有了中译本，是不是有些迟了？不过，对任何一个政治人道灾难的反思，其作用与意义并不限于某一个时刻或时期，因为政治和道德的集体罪责在拉长了的历史中反而更能清楚地显现出来，并成为与灾难见证同样重要的灾难记忆。

雅斯贝斯强调的是一种与政治形态相一致，并与之共生的国民道德品质或国民性，而这样一种共存关系可能延续好几代人。他是从民族文化的传统来看待集体罪责问题的，他说："我们认为，不光当前发生的事与自己有关，要为同时代人所做的事情承担责任，还要为我们的文化传统承担责任。我们应该承担起父辈的罪责。既然德意志精神允许这样一个政权诞生，我们就必须承担全部的责任。这并不是说，我们认为'德意志的精神世界'、'德国古老的哲学'就是纳粹罪恶行径的思想源头。但它意味着，德国民族传统中隐藏着某些有可能毁灭自身道德的可怕而危险的东西。"

同样，我们在记忆和反思自己经历过的政治人道灾难时，也应该更多地关注自己民族传统中隐藏着的那些"危险的东西"——奴性人格、唯诺顺从、崇拜权力、官贵民贱、政治麻木、自私冷漠、公共意识冷淡——这些都是毁灭我们民族一代又一代人自身道德的东西。

因此，对罪责的记忆和思考应该同时成为对国民集体品格的反思，并将这种反思的结果确立为人能够真正"活着"的道德政治条件。没有道德政治反思和没有罪责感是一样的，都会使人变得善恶不分，正邪不辨，成为没有灵魂热度和正义感的行尸走肉。雅斯贝斯说，生活在这种状态下，他的哲学会毫无意义。对于我们所有不是哲学家的人来说，生活在这种状态下，道德冷漠、灵魂枯萎、良知泯灭的生命同样会变得毫无意义。

目 录

《罪责论》中文版序　徐贲 ……………………………… i

罪责论

前言 ……………………………………………………… 001
以德国人精神状态为主题的大学系列讲座导论 …… 001
罪责论 …………………………………………………… 1

A 罪责分类提纲 …………………………………… 6
1 四个罪责概念 ……………………………………… 6
2 罪责的后果 ………………………………………… 10
3 权力，权利和宽宥 ………………………………… 11
4 审判者，被审判者和审判对象 …………………… 13
5 申辩 ………………………………………………… 18

B 德国问题 …………………………………………… 21
Ⅰ 对德国人罪责的区分 …………………………… 25
1 法律罪责 …………………………………………… 25

	2	政治罪责	36
	3	道德罪责	38
	4	灵魂罪责	46
	5	综述：a）罪责的后果	47
		b）集体的罪责	49
II	辩解的可能性		56
	1	恐怖主义	56
	2	罪责和历史背景	58
	3	他人的罪责	63
	4	所有人的罪责？	70
III	自我反省		75
	1	对反省的逃避	76
	2	反省之路	88

1962年版《罪责论》后记 93

德国联邦议院关于纳粹德国大屠杀罪行追诉时效的辩论（1965年3月10日和25日）

I	整体现状	104
	1 真实状况	104
	2 提案和决议	106
	3 政府和联邦议会的角色	109
II	我们做出分析和评判的前提条件	113
	1 全新的犯罪类型	113

	2 新德国 ··	124
Ⅲ	议院辩论的主题 ··	130
	1 法律问题 ··	130
	2 历史意识 ··	133
	3 后续问题 ··	135
	4 德国公众舆论的压力 ··	136
	5 对新一轮去纳粹化的恐惧 ··	137
	6 追诉时效和大赦 ··	139
	7 "不让德国人蒙羞" ··	142
	8 引导的使命 ··	143
Ⅳ	达成共识的意愿 ··	145
Ⅴ	被刻意强调的"思想斗争"和良知 ··	156
Ⅵ	要求议员们表里如一、不隐藏真实动机，默认所有议员们都已做到了这一点 ··	162
Ⅶ	通过寻求一致和让人闭嘴的方式来摆脱困境 ··	165
	1 雅恩 ··	165
	2 认罪态度 ··	174
	3 《国家和士兵报》 ··	180
	4 德勒 ··	182
Ⅷ	联邦议会的议员们 ··	185
Ⅸ	我的电报 ··	197

参考书目 ·· 201

前 言

1945年至1946年冬季学期,我在德国大学做了一个以德国人精神状态为主题的系列讲座,这本探讨德国人罪责问题的书是由当年的讲课稿整理而成。

作为一个德国人,通过书中的论述,我想辨明事实、寻求共识;作为人类中的一员,我也想和大家一起努力探寻真相。

卡尔·雅斯贝斯

海德堡,1946年4月

以德国人精神状态为主题的大学系列讲座导论

德国人必须进行精神层次的沟通,目前全民缺乏基本的共识,我们应该努力开展交流和对话。

我的讲课稿最初是由我和身边的人在各自社交圈的谈话衍生而出。

每个人都应该以自己的方式看待本文的思想——不要简单接纳,而要认真思考——也不要粗率反驳,应该努力思索、回顾和审视。

我们应该学会对话。也就是说,不要一味地谈自己的想法,应该多倾听对方的心声。我们不要坚持己见,应该考虑到社会和时代背景,了解种种原委,敞开心扉接纳新的认知。我们应该学会换位思考,与自我认知矛盾的那一部分正是我们应该探索的部分。在矛盾中寻找共性比匆忙摆明立场更为重要——后者总是导致对话无望的结束。

慷慨激昂的审判并不难;难的是平静的回顾。固执己见、中断交流并不难；难的是超脱个人立场、坚持不懈的探索真相。抓住和坚持一个想法，对其他思想嗤之以鼻并不难；难的是循序渐进的进步，永不抗拒新的质疑。

我们必须做好思考的准备，不再沉溺于骄傲、绝望、愤怒、不甘、复仇和蔑视等种种感觉，应该让这些情绪冷却下来，睁眼看现实。

但我们的现状正好与全民对话的期望相反——人们惯于认为，一切都与己无关，不愿做出任何决定；他们很难经过全面坦诚的思考，用明澈的头脑做出真正的抉择。人们惯于通过言辞逃避责任，很难在不固执己见的情况下坚守个人的抉择。在任何一个时代，人们惯于毫无反抗地顺应时势，很难通过灵活坚韧的思考做出彻底的抉择，并以此为指导坚定不移地走自己的路。

如果我们真的开始全民对话，就要把问题追溯到根源。我们心中肯定有一些想向别人诉说的或者值得诉说的故事。让我们在对话中安静下来，共同倾听那些真实发生的事。

我们不应该对彼此发怒，而应为对方寻找解决之道。感情用事只会妨碍故事的真实性。我们没必要捶胸顿足地指责对方，借以抬高自己的道德优越感，事实上这是对别人的情感伤害。但也不必体贴入微地谨守社交分寸，以沉默显示温存，虚情假意地安慰对方。你可以提任何问题，不必顾忌虚文俗礼，不必顾忌情感或者世俗的教条，但是你也绝不可挑莽式地、毫无理由而又轻率地做出判断，无礼地做出当面羞辱的事。

在这场全民对话中，任何人都不是他人的审判者，每个人都既是被告也是法官。这些年来，我们对损害他人的事情听之任之，现在不能再继续下去了。

但上述要求只可能部分的实现。我们总是习惯于自我辩护，控诉一切貌似与我们对立的势力。今天，我们应该比以往更加严厉地审视自我。我们应当明确一点：在这个世界上永远是幸存者有理，胜利者才有话语权，上位者总是认为自己代表了正义和公理，但对于失败者、无权者和历史大事件中的受害者而言，这之中蕴含着深深的、盲目的不公。

古往今来，各个时代无不如此。1866年至1870年普鲁士德国的民族主义喧嚣曾让尼采感到恐惧，那时情况如此，1933年后狂热的纳粹主义尘嚣日上，情况也同样如此。

因此我们现在应该扪心自问，我们是否又陷入了另一场喧嚣，是否在自以为是，自认为幸存者和受难者的身份就让我们获得了合法权力。

让我们搞清楚一点：大家能够存活下来、幸免于难，并非仰仗自己；我们之所以能在可怕的大毁灭中获得新生的机会，不是依靠自身的力量。我们无法心安理得地享受自己不配得到的合法权力。

现在德国领土上的每个政权都是盟军授权建立的政府，我们中的每个人，每一个德国人的行动空间都取决于盟军的意志或许可。这是一个残酷的事实。内心的诚实强迫我们始终牢记这个事实。它教会我们远离傲慢、学会谦逊。

但就像以往任何时候一样，现在，愤怒的人们认为他们拥有一切权利，他们认为自己被他人所累，理应获得补偿。

没有人能置身事外。我们在对自己发火。我们应该去除心中的愤怒，清理自己的灵魂。

进行这项工作时，我们不仅要运用头脑，还要用到自己的心。你们这些听课的学生，也许会与我产生共鸣，也许会对我产生反感，内心深处，我也难免有情感的波动。在单向交流的讲座中，由于无法进行事实上的对话，我难以避免地会让某些人产生受到人身攻击的感觉。开始讲课之前，我有个请求，假如我有侮辱性的言辞，请你们原谅我！那绝非我的本意。但我已经下了决心，不惮以最审慎的态度提出最激进的思想！

如果我们开始学着对话，我们将获得亲朋好友之外更多的人际关系。长此以往，我们将建立一个日后与其他民族对话时不可或缺的全民共识。

在彻底的坦率和真诚中才能找到我们的尊严——即使在无权的状态，其中也蕴藏着我们唯一的机会。每个德国人都应该问自己，他是否愿意走这条可能通向彻底失望、继续受损、被当权者轻易盘剥等种种危险的道路。答案是，这是唯一一条能让我们不至于沦落为灵魂贱民的道路！路的尽头会发生什么，我们只能走着看。它是悬崖边一场精神和政治上的冒险。即使取得成果，也是在很久以后了。未来很长一段时间，别人不会信任我们。

也许在短时期内，保持骄傲的沉默是合理的态度，人们躲在面具后喘息和思考。但是长此以往，它会变成自我欺骗和对他人的谎言，让人们执意隐瞒，回避真相和逃避现实。这种骄傲是把沉默当作无权者仅剩的抗争手段，自以为刚强，实则是在逃避。

目前在德国进行对话是十分艰难的，但它却是当务之急，因为我们曾经的经历、感受、愿望和行为千差万别。在强制的共同体表象之下，掩藏着丰富多样的可能性，现在应该让它们表达出来。

我们应该看到与自身截然不同的处境和态度中包含的难处，并且学会同情。

今日的德国人也许只有一个负面的共同点：我们都属于一个被彻底打败的民族，我们的命运取决于胜利者是否肯宽恕；我们没有联系彼此的共同基础，社会四分五裂：每个人都只关注自己，每个个体又都那么无助。我们的共同之处就是缺乏共性。

过去十二年，在千篇一律的舆论宣传下，我们保持着缄默,内心却有着各式各样的想法。德国人并没有一致的灵魂状态、价值观和愿望。由于我们曾经信仰的、信以为真的、被视为生命意义的东西完全不同,现在每个人的内心转变方式也必然完全不同。我们都在转变。但我们将通过不同的心路,走向内心追寻的、建立在真相认知之上并让我们再次团结起来的、新的民族共识。人人都能在这场大灾难中重铸自我、再获新生,而无需担心失去尊严。

过去十二年,德国不存在公开的讨论,即使人们持反对意见,也只敢和亲近的人私下里谈论,甚至有时在朋友面前也有所保留,这种局面造成的后果是,现在人们的不同观点一下子都暴露出来。公开的、全面的舆论宣传具有诱导性,对于过去十二年成长起来的青少年来说,纳粹主义的思维和说话方式几乎成了不假思索的本能。

现在当我们又能自由地发言时,我们发现大家好像来自不同的世界。但我们毕竟还都说着德语,都在这个国家出生,都以此为家。

我们应该互相适应,学着对话,试着说服对方。

我们对历史事件的看法大相径庭,几乎到了无法调和的程度,有的人在1933年看到国内的可耻罪行之后,内心已经与之决裂了,有的人从1934年6月开始清醒,还有一些人从1938年大规模排犹开始,许多人在1942年看到德国可能失败或者在1943年确信德国将战败时才清醒过来,另一些在1945年德国真的战败后才大梦初醒。对于前一类人来说，1945年意味着通向新未来的解放，而对后一类人来说则是所谓德意志帝国的终结。

一些人早就看出极端思想将是肇祸之因，且预见到了后果。他们从1933年开始就渴望西方国家的介入和干涉。德国监狱的大门已经被关上，只能指望外来的解放。德国灵魂的未来取决于这次解放。如果同种同文的欧洲诸国从欧洲人的共同利益出发，及早施以援手，德国的本质尚不至于被全然摧毁。但我们没有盼来解放，就这样到了1945年，直到我们的现实和道德世界遭到了可怕的毁灭。

但并非所有的德国人都同意以上观点。除了那些曾经和依然把纳粹统治视为黄金时代的人之外，还有一些德国人认为，纳粹德国取得的胜利并不会带来德国本质遭到破坏的后果。相反他们还从胜利中看到德国光辉的未来，他们认为，只要希特勒一死，胜利后的德国能立刻摆脱纳粹党。他们忘记了那句老话：一个国家政权只有依仗建立政权的力量才能维持下去，他们不相信，胜利后的德国将不可避免地陷入恐怖主义，当战后军队被解散之后，党卫军统治的德国将成为一个荒凉的、毁灭性的、没有自由的世界强权，人民被奴役和控制，令所有德国人感到窒息。

从外在形式看，今天我们个人的苦难完全不一样。每个人都有着身心的烦恼和苦痛，受到严重的限制，但形式各有不同：有人还有房子和财产，有人却在大轰炸中失去一切，有人在前线作战、在家中受苦，有人却在集中营里受难，有人被盖世太保迫害，有人却是政权的受益者——当然他们也生活在恐惧中。几乎每个人都失去了至亲好友，但不同的原因——死在战场上，死于轰炸，死在集中营里，被纳粹屠杀——却导致截然不同的想法。我们有着不同类型的苦难，对于多数人来说，只有发生在自己身上的苦难才有意义。每个人都把自己遭受的巨大苦难和损失看作是一种牺牲，但为什么牺牲，人们对此却有着极为不同的认识，这些分歧引起了人群的分裂。

信仰的缺失导致了巨大的分歧。只有超验的宗教或者哲学信仰才能让人扛过这场大灾难，世俗的信仰是脆弱的。纳粹信徒们目前的想法比纳粹当政时更荒谬，唯其如此，他们才能抓住逝去的梦想。民族主义者则站在他早就看穿的纳粹主义的堕落本质和德国的现状之间，不知何去何从。

以上种种差异不断导致德国人的内部撕裂，且愈演愈烈，因为我们缺乏民族性和政治性的共同基础。事实上我们只是生活在共同的政治阴影之下，团结的表层下有着深刻的分歧。我们极度缺乏对话交流和彼此倾听。

很多人根本不想思考，这让事情变得更加糟糕。他们只需要口号和服从，从来不提问题，也从来不作出回答，只会重复着学来的套话。他们永远固执己见和盲目服从，从来没有反省和觉悟，因此也谈不到被说服。如果那些人根本不想内省和思考，也不想借助理智和信念找到独立的自我，对话又从何谈起呢？

只有我们德国人在交流中彼此适应，德国才能找回自我。只有意识到我们之间存在着巨大的差异，我们才能真正学着进行对话。

强迫式的统一是不可取的，在大灾难中它将如幻影般消逝。唯有通过交流对话和互相理解，取得一致的意见，我们才能建立一个稳固的共同体。

讲课稿中列举了一些典型事例，请大家不要据此评判别人。如有人对号入座，作者概不负责。

罪责论

整个世界都在控诉德国和德国人。他们怀着愤怒、恐惧、仇恨和鄙视声讨我们的罪行，希望对我们进行惩罚和复仇。不光战胜国如此，连一部分德国流亡者甚至中立国的国民也加入了声讨。在德国，一部分德国人认识到自己的罪责，表示认罪；也有很多德国人认为自己无罪，旁人却认为他们有罪。

现在德国人似乎想逃避这些问题。我们活得很艰难，很多德国老百姓生活困窘，以至于他们对指控漠不关心。他们关心的是，怎么脱离困境，怎么获得工作和住房，怎么才能吃饱穿暖。他们的视野变得狭窄，不想谈论什么罪责和过去，也不关心世界历史。他们不想再受苦了，只想摆脱贫困，活下去，而不愿意思考。老百姓普遍觉得，自己受了这么多苦，应该得到补偿，至少应该得到安慰，而不是受到指控。

然而，这些听天由命的人们，此刻心中应该燃起寻找真相的渴望。它不是一种无所谓的态度，也不是愤懑情绪的产物——我们已经那么惨了，还要受到指控！我们是想弄清楚，这些指控是否合理，是哪种意义上的指控。在苦难之中，人们更容易感知一些不可或缺的东西：自我的灵魂得到净化，思考和践行正义，从根本上拯救自己的生命。

事实上，德国人有责任认清罪责并承担后果，无一人例外。人类的尊严要求我们这么做。我们不能不在意世界人民对我们的看法，因为我们属于人类，我们首先是个人，其次才是个德国人。更重要的是，只有诚实地面对自我，我们才能在眼下依赖外国的困境中找到尊严。罪责问题，与其说是我们与外界之间的问题，不如说是我们与自我之间的课题。我们内心对这个问题的答案，将决定我们对存在和自我的定义。它关系到民族灵魂的生死存亡。唯其如此，我们才能实现转向，彻底完成德国本质的自我更新。战胜国对我们的罪责宣判直接严重影响了我们的生活，具有政治的属性，但它能在一个关键问题上起到助力，那就是助我们完成内心的蜕变。它只是我们个人的事情。要想深入地认识罪责，必须站在哲学和宗教的高度。

对罪责问题的探讨势必涉及各种概念和观念。要想看清事实，必须对其进行区分。我将列出一个分类提纲，用来阐释德国人的现状。但分类标准并不是绝对的。讲课稿的最后一部分，我将做一个简短的总结，谈谈罪责的根源。不过，我们只有在区分罪责的道路上不断探索，才会最终搞清罪责的根源。

我们不应轻易相信沉重的情绪。虽然现实具有直观性，反映出灵魂的状态。但情感不像活生生的事实那样始终存在，而是随着内心的活动、思考和认识而产生，因思考的深度而得以加深和净化。这样的情绪是不可靠的。诉诸情感的态度过于天真，偏离了认识和思考的客观性。只有经过全面回顾和反思，一路伴随着情感的指引和扰乱，我们才能获得让自己安稳活下去的真实感受。

A 罪责分类提纲

1 四个罪责概念

罪责的分类:

1. 法律罪责

罪责体现为可在客观上证明的、明确触犯法律的行为。审判主体是法院,法院通过正规的司法程序确认犯罪事实,依据法律进行判决。

2. 政治罪责

罪责体现为国家领导人的行为和公民的国籍,由于我的国籍,我受国家政权的管理,该国法律决定了我的生存状态(政治责任),我必须承担国家行为的后果。每个人都对国家的管理方式负共同的责任。审判主体是战胜国的权力和意志,体现在内政和外交上。胜利决定了一切。通过高瞻远瞩的政治智慧,通过对天赋人权和国际公约的认可,可减轻独断和暴力的程度。

3. 道德罪责

我必须为个人行为承担道德上的责任，同时也为所有行为——包括政治任务和军事行动在内——承担道德义务。不要拿"我必须服从命令"当借口，罪行就是罪行，哪怕是奉命行事（虽然根据面临危险、受胁迫和恐吓的程度，可以酌情减免责任），每个行为都应该接受道德的评判。审判主体是我们的良心，体现在我们与朋友、亲人、恋人、我们在意的一些人的交流中。

4. 灵魂罪责

一个人对世界上一切的不公——尤其发生在身边的、自己知道的罪行——都有感同身受的责任感，即所谓人类的整体意识。如果我不做力所能及的事以制止罪行，我就会产生负罪感。如果我不牺牲自己去制止他人的谋杀行为，而仅仅在旁观，我就有了某种无法从法律、政治和道德上得到恰当诠释的负罪感。罪行发生之后，我还活着，这个事实已经构成了我无法消除的罪责。我们将被迫进行两难的选择——除非能幸免落入这个境地：要么无望地（因为没有成功的希望）、无条件地献出生命，要么因看不到成功的可能性而选择自保。按照绝对主义的标准，如果哪个地方发生这样那样的罪行，生活在同一个社会环境中的人们，要么全体活着，要么一个都别想活，它消除了人的主体性。这个标准无关乎人类整体、国籍和群体,仅限于最狭窄的人际交往圈,它让我们所有人产生了负罪感。只有上帝才是审判者。

通过对上述四个罪责概念的分类,我们澄清了指控的内涵。比如说,虽然政治罪责意味着全体国民对国家行为的后果承担责任,但作为个体的国民对国家实施的犯罪行为并不负有法律和道德上的罪责。刑事犯罪应由法官做出裁决,政治责任交由战胜国确认,对道德罪责的认识恐怕只能靠团结一致的民众开展感化的斗争。灵魂的罪责只在某个具体的情境中才会表达出来——也许通过文学作品和哲学思想,不会有人直接说出口。人们在内心深处意识到灵魂的罪责,它是终极意义上的负罪感,正因为如此才难以向他人表露。人们羞于谈及具体事例,只想进行整体性的探讨。

对罪责进行分类时,我们要避免平面化的阐述,即把所有罪责不分轻重地置于同一个层面,然后像一个糟糕的法官那样做一个笼统的评判。这种分类法最终让我们难以追溯罪责的起源。

如果我们没有意识到,各类罪责有着内在的关联,我们的分类法就会走入歧途。每个罪责概念都揭示出一个现实,即它对其他罪责的领域有什么影响。

如果我们人类能避免犯任何灵魂的罪责,我们就成了天使,其他三类罪责也无从谈起了。

道德的缺失是人们犯下政治罪责和刑事罪责的现实基础。无数琐碎的行为，听之任之、轻易的顺应时势、对不正当行为的合理化、不经意的助纣为虐、参与创造一种蒙昧化的、滋生邪恶的社会氛围，这一切造成的后果就是政治罪责，它决定了现状和事件。

弄不清权力在社会生活中的意义，本身也属于道德范畴的问题。我们反对将权力的作用绝对化，视其为决定历史事件的唯一因素，但对基本事实的掩盖同样是错误的。它是每个人的灾难，交织在其生存的权力关系网中。所有人都有无可推卸的罪责，人性层面的罪责。通过对正义和人权事业的支持，这些罪责可得到抵消。不参与权力关系的架构，不参与争取正义的政治斗争，既是政治上的原罪，也是道德范畴的罪责。权力的意义在于维护法制、伦理和本民族的纯洁，当权力的意义被权力本身破坏，政治罪责变成道德罪责。因为，如果权力不受限制，必然带来暴力、恐怖、生命和灵魂的毁灭和终结。

从大多数个体和广大民众在日常生活中的道德形态发展出了特定的政治态度以及政治状态。但个体也生活在历史形成的政治状态中，它由祖先的伦理和政治塑造而成，受制于世界形势。下面列出两种对立的可能性：

政治伦理是立国之本，所有人都在有意识和有觉知地参与政治，他们知道自己的想法和愿望。这里有政治自由的生活，衰败之后也终能复兴。人民的参政意识和责任感让这种政治状态成为现实。

还有一种政治状态，大多数人都对政治漠不关心，他们认为国家政治与自己无关。他们没有参政意识，对政治采取旁观态度，总是盲目顺从地工作或行动。他们心安理得地执行命令，任由掌权者自行其是。他们忍受着令人不适的政治现实，有人为了个人利益耍诡计蒙混过关，有人活在自我牺牲的盲目激情中。

这就是政治自由和政治独裁的区别。但是社会处于哪种政治状态，通常不是个人决定的事。当一个人幸运或不幸地出生于某个社会中，他必须接受历史传统和社会现实。没有哪个个体或者群体能一下子改变自己生活其中的社会大环境。

2 罪责的后果

罪责改变了外在的生存状态，不管当事人是否意识到；当我透过罪责看清了自己时，它也改变了内在的自我意识。

a) 触犯法律者会被判刑。其前提条件是法官行使自由意志确定有罪者，而不是被审判者的认罪。

b) 针对政治罪责，存在政治责任和作为相应后果的赔偿和其他损失，以及对政治权力和权利的限制。政治罪责与发动战争的历史事件有关，战败者可能面临以下后果：遭到毁灭、放逐和灭绝。有时战胜国以正义的方式行事，按照自己的意愿决定对战败者的惩处力度。

c) 从道德罪责中产生理性认知，并带来忏悔和自新。它是内在的心理活动，然后对现实世界产生影响。

d) 灵魂罪责引发一个人在神性层面的自我意识转变。骄傲被打破。思想上的自我转变可能会成为开始积极生活的新契机，但谦恭的内心始终存在不可磨灭的罪责意识，让人们在上帝面前永远保持谦逊，做任何事都不会怀着傲慢自大的情绪。

3 权力，权利和宽宥

当人们发生了不可调和的矛盾，就会通过暴力解决问题，国家秩序是抑制暴力的手段，但它会作为垄断强权保留下来——对内强制执法，对外发动战争——在社会平稳的时期，这些往往是被遗忘的。

当政权进入战时状态时，法律就失效了。我们欧洲人试图通过战时国际公约维护残存的法律，并最终以《海牙公约》和《日内瓦公约》的形式将其确认下来，但似乎没有什么效果。

强权必然唤醒强权。胜利者有权决定如何对待战败者,即所谓"成王败寇"(vae victis)。战败者要么选择去死,要么听从胜利者的命令默默忍受。自古以来,人们多半选择活下去。

法律代表着人们崇高的思想,论其渊源虽离不开权力的保障,但也不应受权力的左右。当人们认识到自己是一个人,具有人的自我意识,他们就会争取人权并创立"天赋人权"的法理基础,它对每个人——包括每个胜利者和战败者——都有感召力。

法制思想产生之后,人们可以进行谈判,通过辩论和合理的程序实现真正的正义。

迄今为止,当一场战争彻底分出胜负之后,留给战败者的公正总是有局限性的,它受到政治意愿的支配。虽然它构成正面的、事实上的法律基础,但是无法证明其正义性。

只有在刑事犯罪和政治责任的范畴,法律才和罪责牵扯上关系,法律管不到道德罪责和灵魂罪责。

但是被判刑的人和负有政治罪责的人也能表达对法律的认可。一个罪犯既可以把被判刑的事实看作荣耀,也可以看作自我的新生。一个有政治罪责的人既可以认为自己的人生就此完了,也可视其为转变的契机。

宽宥指尽量使用法律手段,避免破坏性的暴力行为。人道主义追求更高的真理，超越了以法律和权力为出发点的直线思维。

a）法律之外，仁慈也发挥了作用，为司法体系之外的正义开辟了空间，因为人类社会的规章制度在实际执行时都充满了缺陷和不公。

b）除了实施暴力的可能性之外，胜利者也有可能采取宽恕的姿态，也许因为他们想让战败者为其服务，或者由于宽宏大度，因为"饶恕战败者的生命"能增加掌权者的优越感，或者他秉持良心按普世的人权法则办事，不愿像对待罪犯那样剥夺战败者的所有权利。

4　审判者，被审判者和审判对象

面对劈头盖脸的指控，我们应该提一个问题：谁审判谁？先确定立场和审判对象并划出范围，控诉才有意义，只有确认控诉者和被控诉者，我们才能搞清这个问题。

a）首先依照四类罪责的划分法，对其含义进行分类。被控诉者是受到来自外界的指控呢，还是受到自己内心的指责？

只有涉及刑事犯罪和政治罪责时，外界的指控才有意义。经由专门的宣判之后，刑罚才能生效，罪责才能被认定。它属于法律和政治范畴，与道德和灵魂无关。

当负罪者感知到道德的失误和灵魂的创痛时，他受到了内心的指责，由于道德和灵魂的罪责是引发政治行为和犯罪行为的根源，所以也与政治罪责和刑事罪责相关。

道德罪责只能由当事人自己——而非他人——来判定，他人只能通过善意的争论让其认识到罪责。任何人都不能对其他人进行道德审判，除非他出于关切将自己代入对方的角色。只有视人如己，才能拉近距离，在自由的交流中取得共识，最终每个人独立完成对自己的道德评判。

判断他人的罪责，不是视其想法，而是根据行为和举止。评判一个人，虽然应该重视他的思想和动机，但只有根据行为和举止等客观的标准，才能做出合乎事实的判断。

b) 从哪种意义上评判一个集体，从哪种意义上评判一个人，这是一个问题。一个国家的所有国民应对国家行为造成的后果承担责任。这一认定无疑有着积极的意义。这里牵涉到一个集体。但这种责任是明确的、有限的责任，不包括个人的道德和灵魂罪责。它同样涉及反对本国政权及其行为的国民。类似的，还有组织、政党、团体的成员应负的责任。

针对犯罪行为，只能惩处个人，他是单独犯罪还是有同伙，应该依据其参与程度，至少根据其社团身份进行判断。犯罪团伙聚众肇事和策划阴谋，全体成员都被视为有罪，凡属于该组织的人都应受到惩处。

但是把一个民族视为一个整体，对其进行道德审判，是非常荒谬的。并不存在全民族每个个体都拥有的所谓民族特性。也许一个民族有共同的语言、风俗习惯和起源。但是说同一种语言的个体也存在着巨大的差异，他们彼此感到陌生，就像不属于一个民族。

我们只能对个人而非集体进行道德审判。把人归入某个集体，再对其进行观察、描述和判断，这是一种相当普遍的思维方式。那些性格特征——德国人的性格、俄国人的性格、英国人的性格——从来与个人所属的种族概念无关，而是人格类型概念。将种族概念和人格类型概念混淆标志着集体主义的思维方式，德国人、英国人、挪威人、犹太人——还能继续细分：弗里斯兰人、巴伐利亚人——或者换成别的分类法：男人、女人、年轻人、老人。类型划分的理念不应该产生误导，让人们误以为，笼统的性格类型能够描述每个个体。长久以来，这种思维方式已经成为在民族和群体之间制造仇恨的工具。可惜大多数人却自然而然、理所当然地运用这种思维方式，它被纳粹恶意地利用到了极致，利用宣传工具把它灌输到了大众的脑子里。在他们看来，似乎世界上没有个体，只有各种群体。

整体意义上的民族是不存在的。我们所有对其下定义的分类法都会被事实超越。语言、国籍、文化、共同的命运——这些概念都不是完全重合的，而是互相交叉的。民族和国家不能划等号，语言、共同的命运、文化也同样如此。

我们不能把民族看作一个个体。一个民族既不会英雄式地覆灭，也不能被称为罪人，更谈不上是否合乎道义，行为主体应该是这个民族的某些个人。不管在刑法范畴，还是在政治范畴（仅限普通公民），抑或道德范畴，作为整体的民族无法用是否有罪来评判的。

按民族身份进行评判是非常不公正的，它以一个错误的归纳法为前提——是对个人尊严的侮辱。

认为一个民族犯有集体罪责的世俗观念类似于几千年来流行的一种想法和论调：犹太人是有罪的，因为他们把耶稣钉死在十字架上。那些犹太人是谁？他们只是犹太人里一个有着政治和宗教狂热、当时掌握了一定权力的群体，他们勾结罗马统治者处死了耶稣。

这种想法已经发展成了潜意识，占据了社会主流，即使有思想的人也未能幸免，不禁让人感到惊愕，因为它错得如此明显。人们似乎面墙而立，对任何理由和事实充耳不闻，即使听到了也很快忘记，从来不照着做。

除了政治责任之外，不存在针对一个民族或者一个民族中某个群体的集体罪责,不管是刑事罪责、道德罪责还是灵魂罪责。

  c)指控和谴责是否成立,必须由法律决定。谁有权进行裁决?每个审判者都要面对以下问题:他有哪些权力?审判的目的和动机是什么?他和被审判者处于怎样的关系?

针对道德罪责和灵魂罪责的审判不需要得到世界的认可。有些话,关心你的亲人们可以说,但不应该出现在冷冰冰的分析文章中。上帝面前的罪责,在人间不成立。因为上帝没有尘世上的代理机构,不管是教会还是外交部门,或者媒体显示的世界舆论,都不代表上帝。

战争决出胜负后,胜利者在有关政治罪责的审判中有绝对的特权:他曾冒着生命危险战斗,现在他有权做出决定。但是人们会问:"一个中立者有资格在公众面前充当审判者吗?他从未参加战斗,没有把自己的生命和良心献给重要的事业。"(摘自一封来信)

当同命运的人们——今天特指德国人——评论个人的道德和灵魂罪责时,他们是否有评判的权力取决于自身的态度和意图:他是否说过自己愿意分担罪责?他从内心还是仅在表面上认清了罪责?当他指责别人时,他是像亲人那样帮助别人转化思想，还是像陌生人一样进行人身攻击？他是以一个朋友还是一个敌人的立场说话？如果是前者，他有权进行评判，如果属于后一种情况，他无权置评，况且关系的亲密程度决定了说话的深浅。

但是针对政治罪责和法律罪责，每个国民都有权探讨事实，以明确的概念定义对评判标准进行讨论。当事人应负多大的政治罪责，取决于他多大程度地参与已被彻底否定的前纳粹政权，并交由战胜国确定，每个想在灾难中苟活的当事人，早晚会为了生存采取识时务的态度。

5　申辩

有人提出指控时，被告也应该被允许发言。法治完善的地方都允许被告人申辩。面对强权，被压迫者会尽可能地保护自己。

如果战败者不懂得自我保护，他为了活命就只能承受、承担和承认战败的后果，除此之外没有别的出路。

当战胜国举证和判决时，即使被告被允许申辩，他的辩词也无强权作为后盾，是软弱无力的。只有在允许人们说话的地方，申辩才有可能。只要战胜国的行为局限在法律的范围内，它的权力就能得到限制。申辩会带来以下的可能性：

1. 它敦促甄别的实施。通过甄别进行定性和部分的减轻罪责。甄别避免了绝对化，控诉对象被控制在一定范围内。

混杂导致认知上的模糊，而认知模糊带来的后果——不管有利还是有害——总是不公正的。以区别对待为基础的申辩促进了公正。

2. 申辩传达、强调和比较了事实。

3. 申辩应该以自然法、人权法和国际法为基础，它需要有一定的限制：

   a) 一个从根本上侵犯了自然法和人权法的国家，首先在国内，然后通过战争在国外破坏了自然法和人权法，没有资格为了自身利益要求别国承认那些它自己不肯承认的法律。

   b) 只有人们努力争取权利，他们才能真正拥有权利。如果全民软弱无能，只存在获得理想权利的可能性。

   c) 只有经过当权者、胜利者的认可，自然法和人权法才能被承认。它出自于理智和理想——以法治的形式显示对战败国的仁慈。

4. 申辩能够揭示出哪些指控是不真实的，指控会被当作达到政治和法律目的的武器——通过混淆罪责概念，通过制造错误的观念——为了自己的意图赢得同情并占据道德高地。它貌似正义，实则仍是胜利者"成王败寇"的行为。坏的东西就是坏的,即使以复仇的名义。

为了实现政治目的,对道德和灵魂范畴的罪责进行指控,更是应该被摒弃。

5. 以否决法官的方式进行辩护——法官在阐释法律时带有偏见,或者涉及的事务超越了人间法官的管辖范围。

刑事和政治责任(如:赔偿)需要得到承认,但忏悔和新生的要求只应来自内心。对于外界的此类要求,只需报之以沉默。重要的是,不要被人迷惑,将内心转化的必要性与外界的错误要求混为一谈。

它们是两码事:一个是内心的负罪意识,另一个是世俗意义的审判主体的认可。战胜国并非天然的审判者。除非他们转变斗争的态度,以正义取代强权,将战争罪限制在刑事罪责和政治责任的范围内——如果他们强行赋予自己的行为正义性,也会增添自身的罪责。

6. 辩护有助于反诉。指出对方哪些行为也是导致灾难的原因;指出对方曾经同样犯下哪些战败国被指控犯下的罪行,或者指出意味着共同罪责的世界格局。

B　德国问题

当战胜国和全世界对德国发起指控之后，德国人的罪责问题成为众矢之的。1945年夏天，在德国的城市和乡村出现了一些宣传告示，上面有关于贝尔根·贝尔森集中营的照片和报道，其中有一句关键性的话：这是你们犯下的罪行！人们的良心被刺痛了，此前对那些事一无所知的许多德国人感到害怕了，他们想知道，谁在指控我？海报上没有落款，没写主管部门，它们像忽然从天而降。按照普遍的人性，不管控诉是否有理，被指控者总想自我辩护。

罪责问题是政治冲突中的一个古老议题，它一直非常重要，例如拿破仑和英国有关罪责的争论，它也出现在普鲁士和奥地利的争端中。也许古罗马人首先把对自身道德权利的主张和对敌人道德罪责的追究引入了政治领域，理智的希腊人选择了中庸之道，老派犹太人只在上帝面前承认道德罪责。

战胜国的罪责宣判是一种政治手段，动机原本不纯，本身就有历史的局限性。一战后签订的《凡尔赛和约》包含对德国的不公，它确认的战争罪责一直是个问题。各国的历史学家后来都无法确认单方面的战争罪责。正如劳埃德·乔治（Lloyd George）所言，各国都"滑入了战争"。

现在的情况与那时完全不同。罪责问题已不同于以往，这次的战争罪责非常明确。二战是希特勒领导下的德国挑起的，德国政府选定时机发起了战争，其他国家原本不想打仗，因此德国人对战争负有责任。

"这是你们犯下的罪行"，这句话主要指战争罪责。那些宣传海报已经被遗忘了，但我们不会忘记自己的经历：首先我们要面对世界各国对全体德国人进行评判的事实，其次是自身的焦虑感。

国际舆论对我们是重要的，我们不可能对别人的看法无动于衷。罪责还会被当作政治的工具。由于我们被看作是罪人，我们造成了一切灾难——舆论是这么说的，所以我们活该有现在和未来的遭遇。对于那些想肢解德国、限制其重建的可能性、让它永无宁日地在生死间挣扎的政客们来说，这是一种合理的说辞。它是一个政治问题，我们无法做出决定，也很难做出什么能影响决策的实质性的事情——即使我们的行为完美无瑕。这里有一个问题，当一个民族放弃了自己的尊严后，再继续剥夺它的自尊，把整个民族打成贱民，打压成最低等的民族，在政治上是否有意义？合适吗？有没有危险性？是否公平？这个问题暂且不论，我们也不谈一个政治问题：认罪是否有必要、是否合适？从哪种意义上来说？也许它将成为对全体德国人的判决，给我们带来极其严重的后果。我们希望，政治家的决策和世界人民的看法将来会有所改变。但我们不会控诉，只会默默承受。由于纳粹的误导，我们陷入了目前无能为力的困境，在现代科技决定的世界格局中，找不到任何出路，因此我们只能这样做。

但更重要的是，我们应该看清自我，进行自我审判和净化。外界的控诉已经不是我们该管的事。我们内心的控诉，十二年来在德国人的灵魂中萦绕不去的声音，现在或多或少能说出口了，不管年长还是年幼的人，通过内在的转化，我们找到了建立自我意识的契机。我们必须弄清德国人的罪责问题。它关系到我们自身，与外界的指责无关，我们可把外界舆论看作一面镜子。

"这是你们犯下的罪行"这句话意味着，你们应该为你们所容忍的政府行为承担责任——它牵涉到政治罪责。

"这是你们犯下的罪行"，另一层含义是，你们还支持了政府并配合行动——它是指道德罪责。

"这是你们犯下的罪行"，当罪行发生时，你们无所作为、袖手旁观——它暗示了灵魂的罪责。

我认为这三句话都是真实的，虽然只有第一句话里的政治责任会被判罪,其表述也非常合理,第二句话里的道德罪责和第三句话里的灵魂罪责都是直白的指责,但在法律上是无效的。

"这是你们犯下的罪行"还有以下的含义:

你们参与了罪行,因此本身也是罪人——对于绝大多数德国人来说,这个论断显然是错误的。

它还有最后一层含义:你们整个民族都是劣等的、不体面的、罪恶的,是人类中的渣滓,与其他民族都不一样——这种把所有个体都划归集体的思维方式和价值观是极端错误的,也是不人道的。

以上先做简短概述,下面我们将进行深入讨论。

Ⅰ 对德国人罪责的区分

1 法律罪责

第一次世界大战之后,我们不承认德国单方面犯下特殊的罪行(敌对国的史学界也持同样的观点)。与一战不同,现在纳粹德国的罪行非常明确,战前它在德国犯下了罪行,战争中又在全世界犯下了罪行。

现在与一战的情况完全不用,一战之后各国的历史学家没有把战争归责于哪一方,而这次战争完全是由纳粹德国挑起的。

与一战相比,还有一点不同之处,这次战争彻底变成了一场世界大战。它给世界带来了新的形势和新的认识。它的意义超越了以往的任何一场战争。

现在出现了世界历史上全新的事物。战胜国成立了一个法庭——纽伦堡法庭,专门审理刑事犯罪。

这带来了两个方向上的限定:

1. 并非全体德国人,只有德国人当中被指控犯罪的一部分人——基本上都是纳粹政府的领导人——站在纽伦堡法庭上。美国检察官从一开始就做出了明确的限定。杰克逊法官在原则性发言中指出:"在此声明,我们不想归罪于全体德国人。"

2. 并非所有的嫌疑分子都受到了指控,只有犯下了特定罪行的人被送上了法庭,《国际军事法庭宪章》对这些罪行有明确的定义:

1)危害和平罪:策划、筹备、发起和实施侵略战争或者违反国际条约的战争。
2)战争罪:破坏战争法的行为,杀害、虐待被占领地区的平民和强迫其服劳役;杀害和虐待战俘;抢劫公共或私人财产;故意破坏城市或乡村以及进行没有军事必要性的破坏行为。
3)违反人道罪:杀害、灭绝、奴役和流放任何一个国家的平民;政治、种族和宗教上的迫害;纽伦堡法庭裁判权内的犯罪行为。

此外对责任范围也做了规定。参与某个总体计划的策划和实施或共同议定了某项罪行的执行方案的领导人、组织者、煽动者和参与者,应该对该计划执行过程中所有的行为负有全部责任,不管下面执行具体任务的人是谁。

所以指控不光针对个人,也针对某些被认定有罪的组织:帝国内阁、民族社会主义德意志工人党(NSDAP)的政治领导集团、党卫队（SS）、帝国保安部（SD）、盖世太保（Gestapo）、冲锋队（SA）、总参谋部、德国国防军总司令部。

我们德国人只是整个审判过程的旁观者，并非它的促成者和引导者，虽然被告们正是给我们带来灾难的元凶。"也许，德国人也有一笔账要和被告们清算——其热切程度不亚于其他民族的人。"约翰逊说。

有些德国人觉得被庭审伤害了自尊，这种感觉是可以理解的。其中的原因类似国外将纳粹政权及其罪行归咎于全体德国人。每个国民都对本国的行为和苦难承担共同的责任并受到影响。当一个国家沦为有罪的国家时，全体人民都将承担重压。如果一个国家的领导人受到审讯，即使他们真的犯了罪，其国民也会觉得同样在受审。在他们看来，好像整个民族都在被审判。国家领导人遭到羞辱、失去尊严，老百姓会有休戚相关的感受，所以他们本能地、几乎不假思索地拒绝接受审判。

事实上我们必须履行一个令人痛苦万分的政治责任，只要政治责任要求我们这么做，我们就必须放弃自尊。我们将体验彻底失去权力和毫无政治影响力的境遇。

现在最重要的是，对自身这种近乎本能的关切心态，我们应该正确地加以理解、诠释、把握和转换。

目前也存在让我们免于遭受人身羞辱的可能性。人们想要寻找理由，从合法性、真实性和目的性等方面对这场审判进行质疑。

1. 人们应进行普世性的思考：战争贯穿了整部人类历史，未来还会有战争。可没有哪个民族对战争负有罪责。人类的天性，人的原罪导致了战争。肤浅的良心让人们以纯粹的无辜者自居。这种自命正义的态度恰恰是下一场战争的肇因。

驳论：

这次无疑是德国有计划地发动了战争，其他国家并没有进行过挑衅。这次的情况与1914年完全不同——德国不是对战争负有罪责，而是对这次战争负有罪责。这次战争是全新的、世界历史上前所未有的事件。

对纽伦堡审判的指责会以另一种论调表达出来：它是人类无法解决的问题，人类总是不断通过暴力进行裁决，要想解决它必须"呼求上苍"。士兵们自认为有"骑士风度"，现在作为战败者他们却没有享受符合骑士精神的待遇，所以感觉受到了侮辱。

驳论：

德国有大量的种族灭绝以及其他违反人道的暴行（完全不符合骑士精神，也违背了国际法）。希特勒的所作所为从一开始就没有被原谅的余地，只会导致胜利或者毁灭的两种后果，现在的后果是毁灭。德国人没有资格再希求骑士精神的待遇——即使众多的士兵个人和部队单位没有犯罪，他们按照骑士主义的作风行事，但整个军队已经变成执行希特勒罪恶命令的组织。凡违背骑士作风和宽仁精神的人，日后也不配得到上述原则的对待。这次战争的爆发不是因同等地位的国家之间找不到别的解决之道，在战争中各方坚持骑士主义的底线，而是从战争的策划到执行都充斥着罪恶的阴谋和毁灭的意图。

但在战争中也有保持克制的可能性。康德曾经说过："不要在战争中做出战后无法被原谅的事。"可纳粹德国彻底抛弃了这句名言。因此，现在的暴力与过去虽然就本质而言没什么区别，但由于技术发展带来的破坏力，它已经失控了。按照世界的现状，战端一旦开启，其破坏力是极其严重的。

2. 人们认为：这场审判是德国人的民族耻辱。毕竟站在法庭上的是德国人，它针对的是德国人中的一分子。

驳论：

与其说审判让德国人蒙羞，不如说受审的起因——纳粹政权的所作所为，才是羞耻的根源。德国人不可避免地会产生受辱的感觉，但它的指向不对，人们不应反对审判，而应该反对受审的起因。

除此之外，即使让德国人组建法庭，或者让德国人在战胜国的法庭里担任陪审员，也无法改变任何事情。那些德国人并不是本民族的解放者，由于战胜国的恩赐，他们才有资格坐在法庭里。民族的耻辱依旧存在。这场审判并不是我们从罪恶的政权中自我解放的成果，是盟军解放了我们。

3. 质疑：在政治主权的范围内谈何犯罪呢？一旦人们承认罪行，以后胜利者都可以把战败者说成是犯罪分子——上帝赋权的统治者失去了崇高和神秘性。人民服从的统治者——过去特别突出的有威廉二世，现在有"元首"——都被看作是神圣而不可侵犯的。

驳论：

德国人一直保持着这种源自于欧洲政治传统的思维习惯。但是在当代社会，国家元首的神圣光环已经消失了。国家元首也是人，他们必须为自己的行为承担责任。欧洲各国人民对国王进行审判并砍下他们的脑袋。从此之后，各国人民就有责任监督国家领导人，国家行为也是个人行为。作为个人，人们既要担负责任，也要承担后果。

4. 从司法角度提出的质疑：犯罪只能以法律为评判的准绳。违反法律的行为即是犯罪。犯罪必须有明确的定义，以确定的事实为依据。法无明文规定不为罪（nulla poena sine lege）——审判必须依照犯罪行为被实施之前的法律。然而，纽伦堡审判的依据是战胜国新颁布的法律，它具有对过往行为的法律追溯力。

驳论：

人道主义、人的自然权利、天赋人权的原则以及基于欧洲自由和民主理念的律法早就存在了，足以作为衡量罪行的标准。

此外两国自愿签订的条约也规定了诸如此类的共同准则，一旦条约破裂，它也会成为衡量的尺度。

审判机构是谁？在和平时期，审判机构是法院，战后只能是战胜国的法院。

5. 于是又出现了一个问题，战胜国的暴力无法代表公理。胜利者并不等同于法制和真理的审判主体。没有哪个法庭能够客观地讨论战争罪责和战争中的罪行并且做出审判。法庭都是有派性的。即使中立方组成的法庭照样有派性，因为中立者就是指无能为力的人，实质上他们也是战胜国的追随者。只有当某种力量能够迫使敌对双方接受审判结果，它所支持的法庭才有可能进行独立的审判。

此种公理虚幻论再继续推演下去：每次战争之后，战争的罪责都被推到战败国头上。战败国被迫承认战争罪。战后的经济剥削被粉饰成弥补罪责的战后赔偿,以正义之名行使掠夺之实。如果没有真正的公理,不妨选择赤裸裸的暴力,毕竟它还是诚实的,更容易让人接受。只有战胜国才有支配权。原本双方都可被指责在战争中犯了罪——可只有战胜国有权指责对方,它完全以本国利益为衡量罪责的尺度。除此之外,一切皆是伪装,掩饰着强者的暴力和独裁。

法庭的虚幻性还体现在:在法庭上,只有战败国的行为才会被当作犯罪的事实,而主权国家或者战胜国的类似行为则会被故意忽略,不加讨论,更不会受到惩罚。

驳论:

强权和暴力确实是人类世界中决定性的因素,但并不是唯一的。如将之绝对化,人与人之间的信任关系就将被彻底抹杀。如此一来,人们也没有必要签订任何条约。事实上希特勒曾经说过,只有在符合自身利益的时候,条约才有继续存在的必要。他确实这么干了。但世界上还有一种意志,它承认暴力为王的现实和虚无主义的实用性,却视之为不应当存在且必须尽全力改变的东西。

人间的现实并不等同于真理。现实是各种力量博弈的结果,它之所以存在,是因为它符合人类的意愿。每个人都应该有自由的意志,明白自己的立场和愿望。

从这个层面上说,纽伦堡审判是建立世界秩序的一次新尝试,具有重要的意义,虽然它不是建立在目前国际法律秩序的基础之上，却是当今政治形势所必需的。纽伦堡审判不同于在一个法治完备的国家里举行的审判。

因此杰克逊法官公开声明："如果允许被告绕过起诉书中明确列出的指控进行辩护，审判将会旷日持久地拖下去，最终陷入难以解决的政治争议。"

这句话表明，法庭上的辩护将不追究涉及到历史原因的战争责任问题，而只围绕着"谁发动了战争"这个问题。此外法庭还将参照类似罪行的案例进行审判。法庭辩论受到政治必要性的限制，但这并不是说一切都是走过场，被告在法庭上可以说出自己的难处，提出异议——当然发言必须简明扼要。

不可否认，法律不是唯一的决定因素。在战场上取得胜利是战后审判得以进行的前提条件。以小见大，人们谈到军事行动时总是开玩笑说："是否受到惩罚不取决于法律，而在于你是否被当场抓到。"它是一个基本事实，但这并不意味着，人们不会在取得胜利之后，利用手中的力量去匡扶正义。即便正义没有完全实现，也总是在一定范围内存在，由此促进了世界秩序的建立。冷静中庸的思考创造了反思和自省的空间，让人更清醒地意识到暴力仅剩的意义。

这场审判对我们德国人有一定的益处，它对国家领导人的各类罪行进行了区分，但没有对整个民族判罪。

纽伦堡审判的意义还不止于此。它史无前例地把一场战争当作罪行，以此为出发点做出审判。《非战公约》（*Kellogg-Pakt*）将会首次贯彻实施。行动的规模让人无法怀疑众多参与者的良好意愿。它看上去是美妙的，但当我们看清涉及的内容时，我们会浑身发抖。区别仅仅在于，我们是自欺欺人地把它当成一场虚假的审判，还是热切地希望它真实地发生。

在庭审的过程中，最重要的是审判的执行、判决的结果和起诉的理由，以及整个审判将会变成怎样的历史记忆。最重要的是，世界是否承认它是一场代表真理和公理的审判，是否连战败国也心悦诚服，未来的历史是否承认它体现的正义和真理。

纽伦堡审判不是唯一的重要事件，就本质而言，它是政治重建中有意义的一个环节，也许整个过程会受到谬误、愚蠢、冷酷和仇恨的干扰——也许建立在人道主义基础上的价值观最终将屈从于目前制订规则的强权。设立纽伦堡法庭的同盟国对外表态，它们将共同建立一个遵守国际秩序的世界政府。它们发誓将履行对人类的责任，作为二战的果实，而不只是为了本国的利益。这样的誓言不像是虚假的誓言。

现在有两种可能：如果纽伦堡审判体现出正义，它将成为世界各国取得互信的基石，政治性的审判成为正义的审判，正义的彰显将为我们正在创造的新世界奠定良性的基础。如果纽伦堡审判是令人失望的虚假审判，它将导致更糟糕的、孕育着下一场战争的国际形势。那么纽伦堡审判将不是一次赐福，而是引发灾难的一个要素。这场审判是不是一场装模作样的虚假审判，世人自会作出判断。后一种可能性不应该成真。

针对所有反对纽伦堡审判的声音，我们的回答是，在纽伦堡确实出现了一些新的事物。反对意见中提到的各种危险确实是存在的，但我们不能因个别的缺陷、失误和阻碍而断然拒绝整件事，而要把注意力集中在正确的行动方向上，以坚定的耐心等待同盟国履行责任。在建立世界秩序的过程中，种种矛盾都能被克服。我们不应该从一开始就怀着好斗的激愤情绪说"不"。

纽伦堡审判可能会激起众多非议，它是一个微弱又有双重含义的前兆——指向目前人们感到有必要建立的世界秩序。我们面临着全新的状况：虽然世界秩序还不可能立刻出现——在实现目标的路上还会遇到激烈的冲突和难以预料的战争威胁，但在人类的头脑中，它已经犹如天际的晨曦隐约可见，一旦建立世界秩序的努力失败，人类将面临自我毁灭的可怕威胁。

彻底失去权力的人只能在世界一体的意识中找到心灵支点。面对虚无，他只能呼求本源与万有。正因为如此，纽伦堡审判的前瞻性对德国人来说有着非同寻常的现实意义。

我们德国人的福祉取决于世界秩序,举行纽伦堡审判时它尚未成形,但这场审判正是通向世界秩序的一个路标。

2 政治罪责

犯罪者因罪行受到刑法审判。纽伦堡审判的对象局限于犯罪者,没有涉及民众的罪责。但这并不意味着普通民众没有任何罪责,恰恰相反,它让我们更加看清了罪责的本质。

当纳粹政权实施犯罪行为时,我们都是德国公民,纳粹政权自命为德国人的代表,要求掌握德国的权力。它执掌着政权,直到1943年前都没遇到像样的反抗。

真实和公正的政权形态遭到破坏,其根源在于多数德国民众的行为方式。人民理应对国家的政权形态负责。

每个德国人都对以德意志帝国的名义犯下的罪行负有共同的责任。问题在于,我们所感受到的是哪种性质的罪责?无疑每个公民都要为本国的国家行为承担政治的责任,但不必为那些事实上和思想上的罪行承担道德罪责。我们这些德国人饱受另一些德国人的迫害,侥幸才生存下来,我们是否要为他们的罪行负责?如答案为"是"——其理由是,我们容忍了在德国诞生的这样一个政权。如答案为"否"——其理由是,我们当中的很多人反对这些罪恶,无论从行动上还是从思想动机上,他们都无须产生道德上的负罪感。责任意识不等于道德负罪感。

虽然公民的政治责任能构成集体罪责,但在道德、灵魂和法律的层面并不存在集体罪责。对于每个个体而言,承担政治责任是一件很艰难的事,因为它常常带来可怕的后果。对于我们来说,它意味着彻底失去政治权力,长期生活在贫困中,忍饥受冻,挣扎在生存的边缘。但此种责任并未触及到灵魂。

在现代国家,每个人都有政治行为,至少体现在选举投票或者弃权。每个人都无法免除政治责任。

政治行为的不良后果往往会滞后显现,但这不是为其辩护的理由。

人们可能有良好的意愿,想做好事。兴登堡并不想毁灭德国,他也不想把德国交到希特勒手里。但辩解于事无补,他依旧做了,关键在于政治上的后果。

或者说,有人看到了灾难,而且他告诉大家,发出了警告。但只要他没有采取行动或者他的行动没有成功,依旧不能免除政治责任。

人们或许认为,有些人避世隐居,完全不过问政治,例如修道士、隐士、学者、研究者和艺术家。如果他们真的是世外之人,也就无需承担世俗的责任。

但是,由于他们的生活离不开国家秩序,他们同样要承担政治责任。现代国家没有人可以例外。

有人喜欢避世隐居，或者只能这么生活。我们认可和欣赏出世的生活态度，但由于这些人不问政治，也就失去了评判日常政治行为的权利，无法推动政治的健康发展。出世者切断了自身有效干预政治的途径，却无法免除自己的政治责任。

3 道德罪责

每个德国人都应该问自己，我有哪些罪责？

这里的罪责是指道德罪责，内心清醒的人应该明白，它涉及到每个个体。德国人内部最大的区别也正是体现在道德责任方面。

道德评判通常只针对自我，但在日常交往中，我们可以谈论相关话题，帮助别人认清罪责。不要轻易对他人做出道德评判——它不同于刑事和政治的审判。

什么时候我们能够打破界限呢？当我们发现某人完全没有道德上的自省能力，他的辩解全是强词夺理，完全听不进别人的意见。希特勒和他的帮凶，大约共有几万的极少数人，根本就没有负罪感，并没有意识到自己的道德罪责。他们似乎既不感到悔恨，也没有任何变化，完全还是老样子。对这些人只能使用暴力手段，因为他们本身只信奉暴力。

道德罪责只适用于良心未泯的人，有悔悟心的人。只有原本知善恶、通过自省认识到自己走了错误道路的人们才会承认自己的道德罪责，当初他们也许被蒙蔽，压根不知道事实真相；也许受了欺骗和误导，或者被利益收买，或者出于恐惧服从。我们列举几种可能的情况：

a) 戴着面具生活——对于挣扎求生的人来说，几乎是不可避免的——所带来的道德罪责。面对盖世太保一类的国家机构，做出充满谎言的效忠誓言，行纳粹礼，参加政治集会，诸如此类显示个人参与感的事情还有很多，生活在德国的人，谁没做过这些事呢？谁又能避免罪责呢？只有忘性特别大的人才会装糊涂吧，因为他们想自我欺骗。伪装曾经是我们生活的基本特征，它带来了良心上的负担。

b) 当一个人悟到，他是因扭曲的良知犯下罪行，他的内心会更加震撼。有些年轻人陷入了迷茫，当我的良知欺骗了我，我还能相信自己吗？我曾以为自己在为一个最高尚的目标努力奋斗和牺牲。每个觉悟者都应该审视自己，犯错的原因何在？由于不了解真相，还是有意闭目塞听，或者故意自我封闭，平时只关注社会上"正常"的东西。

首先要把军人的荣誉感和政治意识区分开来。军人的荣誉感本身没有任何罪责可言。对战友的忠诚，临危不惧，在战斗中保持冷静和勇气，这些都是无可指摘的个人品质。所有民族都有纯粹的同时也是人性化的军人荣誉。但是只有当士兵的天职没有被罪恶的行动或者执行罪恶的命令所玷污时，它才会不沾染罪责而成为生命意义的根基。

士兵的天职不应等同于战斗任务，士兵的天职不是赦免一切行为的免罪牌。

如果一个士兵把现实中的国家完全等同于德意志民族和军队，他就犯下了道德观错位带来的罪责。也许他是个完美的士兵，同时也是个良心受到蒙蔽的人。他可能出于爱国意识做出或者容忍了罪恶的行动。以高尚之心，行罪恶之实。

民族责任感的内涵远比盲目顺从统治者更为深邃。如果祖国的灵魂被毁灭了，它就不再是祖国。国家政权并不是天然的效忠对象，如果该政权摧毁了德国的本质，它反而具有危害性。所以从民族责任感无法推出必须服从希特勒和必须让纳粹德国打赢战争的结论。它只是一个错误的道德理念，也是悲剧性的精神迷乱——尤其对很大一部分懵懂无知的青少年来说。民族责任感是指为了民族先哲嘱托我们的崇高事业奉献自我，而不是为了听命于虚假传统塑造出的偶像。

因此，置所有罪恶不顾，完全认同国家和军队，是一件咄咄怪事。将盲目的民族观念绝对化——在一个日渐失去信仰的世界上，它是最后一块腐朽的地板——意味着以善意犯下腐朽的罪行。

这种罪责也可能源自于对《圣经》箴言的曲解：在上有权柄的，人人当顺服他（《圣经·新约·罗马书》第13章）——但是军队传统中命令的神圣性早已彻底变质。"执行命令！"对于很多人来说这句话仍旧是神圣的，它代表着崇高的使命。同时这句话能让人免去负担，人们可以满不在意地执行邪恶和愚蠢的任务，把它们视作不可避免的事。谨遵命令的态度，似乎出自本能，自以为认真负责，实则放弃了所有良知，带来了道德上的罪责。

有些人出于对纳粹统治的厌恶，在1933年之后走上了从军的道路，因为只有军队还保持着不受纳粹党影响的正常氛围，只有这里还存在反纳粹的思想，似乎独立于纳粹党的权力之外。但这只是良心的自我欺骗，当思想独立的老派将领全部离职之后，担任德军高级军职的军官们显示出了普遍的道德堕落，他们的良知被蒙蔽——当然也有相当数量的军人是可敬的，他们保持着高贵的军人风度，徒劳地努力挽救德军的荣誉。

起初人们怀着正直的心念和美好的意愿，最终却导致了更大的失望和失落。即使怀着最美好的理想，他们也必须拷问自己的灵魂——当我受到了各种蒙蔽和欺骗时，我自己应该为此承担什么责任？

自我觉醒并意识到自己受了蒙蔽，这个过程是必不可少的。惟其如此，理想主义的少年才能成长为正直的、有道德的、有清醒的政治意识的德国男人，从而忍辱负重地承担起德国当前的命运。

c) 部分赞同纳粹主义，只赞成其中的一半，时常进行心理调整和让步。不同于前面两个类型，这个类型的道德罪责没有任何的悲剧特征。

他们的观点是，纳粹主义还是包含一部分好东西的，德国人普遍持有这种貌似公允的接纳态度。只有极端的"中庸调和论"才是对的。我看到了纳粹理念的邪恶之处，那些统统是错的，但是它带来了看上去相当不错的结果。他们抱着错误的客观态度承认纳粹主义所谓好的一面，结果造成亲密的朋友变得疏远，大家无法再进行坦率的谈话。他们一边抱怨着，没有英雄敢站出来牺牲自我、维护旧日的自由和反对不公，一边又把消除失业现象（通过扩充军备和财政造假）看作了不起的功绩。他们可能认为1938年吞并奥地利是完成了统一德意志帝国的夙愿，可能会质疑荷兰在1940年的中立，同时为希特勒的进攻辩护。最重要的是，他们为德国取得的胜利感到高兴。

d) 某些人乐于自我欺骗，说他们将会改变这个邪恶的国家，纳粹党将会消失，最迟在元首死后。现在人们只需忍耐，把事情往好的方向转变。这些都是他们典型的言论。

军官们认为："战后我们将在胜利的基础上摆脱纳粹党，现在大家必须团结，让德国取得胜利。当房子着火的时候，大家应该去灭火，而不是先去追究纵火者。"对此我们的回答是："战后你们这些军官将会被解职，你们将离开军队回家去，只有党卫队才能保留军事力量，纳粹主义的恐怖政权将升级为奴隶制国家，私人生活将不复存在。金字塔式的社会制度将会被建立起来，城市和街道的建设和改造将取决于元首的喜好。庞大的军队将成为最终征服全世界的战争机器。"

大学教师们认为："我们是纳粹党中的反对派，我们能无拘无束地进行讨论，我们实现了自己的精神追求。我们会逐渐改变一切，直到找回过去的德国精神。"对此我们的回答是："你们在自我欺骗。你们傻瓜式的自由是以随时随地的驯顺为限制条件。你们在沉默中屈服，你们的斗争只是元首希望看到的假象，你们在帮忙埋葬德国精神。"

许多知识分子在 1933 年选择了合作，他们还试图起主导作用，公然支持纳粹政权的世界观——后来他们个人受到了排挤，变得有些不满，但总体还是持赞成态度，直到 1942 年他们看出战争前景不妙，此时他们彻底成为反对者，他们感觉自己受到纳粹的伤害，因此愿意效命于新政权。他们自认为是反纳粹者。这些年来一直存在着知识精英式的纳粹理念：（他们认为）他们在探讨精神思想时坦率地说出了真相——他们在维护德国的精神传统——他们在防止破坏——他们作为个体起到了推动进步的作用。

这些人当中，从未改变思考方式的一部分人也许是有罪的，也许他们并不全盘认同纳粹理论，但实质上他们内心一直坚持纳粹主义的立场，即使表面上有了变化，站在了纳粹的对立面，这一点他们自己心里也不清楚。他们的思维方式原本与纳粹主义无人性的、独裁的、无存在感的虚无主义本质非常相似。任何一个在1933年抱着错误的政治理念、在纳粹主义中找到自豪感的成年人，都不可能是单纯无辜的。除非他们经历过比其他人更深刻的思想转变。那些在1933年有类似表现的人，没有经历灵魂的裂变，也没有陷入更深的狂热。所有对以谎言为基础的社会建设抱着幻想的人、容忍了种种罪行的人，都应该承担责任，并完成自我的道德改造。一个人是否能完成这项工作，以怎样的方式完成它，是个人的事情，外界没有评判的权利。

  e) 区分主动者和被动者。政治上的行动者和实施者、领导者和宣传者都是有罪的，即使他们的行为还不构成犯罪，也要承担主动犯下的明确的罪责。

当然我们每个人都有罪，只要我们过去未曾采取行动。但被动的罪责是另外一码事。无能为力者是可以被原谅的；没有人能要求别人去做徒劳无益的牺牲。连柏拉图都认为，在一个绝望的黑暗时代里保护自我并努力生存下去，是一件完全可以理解的事。但被动无为者应该意识到，他应该为自己的怠惰和麻木承担责任，不是每个人都能抓住机会去保护那些被迫害的人，去减轻社会的不公，去尽可能做一些弥补。即使处于无能为力的境遇，总还有一定的回旋余地，虽不能完全避免危险，但总能让人有机会采取行动。因害怕而放弃机会的人应该认识到，自己在道德上是有罪的——对他人的苦难视而不见，内心没有想象力（以至于不知如何采取行动），对于周围的灾难无动于衷。

f) 因随波逐流、随大溜犯下的道德罪责，我们当中很多人或多或少有这方面的问题。为了保住自我，为了不失去社会地位和不失去机会，他们加入纳粹党或者其他相关的组织。

无论是谁，犯下这些错误后，都无法得到彻底的原谅，尤其相对于那许多因没有顺应时势而吃了亏的同胞。

我们要考虑到 1936 年或 1937 年的社会状况，当时政党即国家，在当时人看来，未来社会不会再有大的变数，除非用战争推翻政府。所有权力都归于希特勒，所有人都想求太平。一个德国人如果不希望被彻底排挤、失去工作或者生意受损，他就必须努力适应社会，对于年轻人来说更是如此。加入纳粹党及其名下的职业联盟已经不光是一个政治行为，还等于获得从事某些工作的国家许可。"党徽"是必须有的，它只是外在的形式，并不代表内心的认可。那时如有人被要求入党，他很难说不。对待随大溜的行为，关键看前因后果，看他加入纳粹党的动机。入党的年份和个人的境遇都可以成为被原谅或被指责的理由，具体的情况需要具体分析和区别对待。

4 灵魂罪责

道德始终取决于内在的目标。为了实现某个目标，人们赋予自身勇敢行动的道德责任感。但如果他们明知道没有成功的希望，就没必要强求自己去做无谓的牺牲。道德只要求人们勇敢，而不是要求人们去自取灭亡。在逆境中，他们应有的道德选择是，为了实现理想保存实力、坚持到底，不要轻举妄动。

我们内心的负罪感另有原因。灵魂罪责的产生源自缺乏人类一体的绝对意识。在已无法追究道德罪责的地方，灵魂罪责依旧不能被豁免。当人们坐视罪恶和不公在眼前发生，就已伤害了人类一体的原则。有人想以谨慎的态度阻止事态恶化，可仅仅如此是不够的。我目睹罪行的发生，我活了下来，其他人却死了，事后内心的一个声音告诉我：我还活着，这本身就是罪。

当1938年犹太教堂被焚烧、犹太人被驱逐时，人们犯下的主要是道德罪责和政治罪责。当时手里掌握权力的人都要承担这两项罪责。将军们袖手旁观，驻守在各个城市里的军队指挥官原本可以介入，阻止罪行的发生。因为军人的使命就是保护所有人，当大规模罪行发生、警察无力控制局面、局势失控时，军人理应挺身而出，可他们却什么都没做。此时他们背弃了德国军队光荣的道德传统。他们失去了德国的灵魂，把自己变成了只听从命令的纯粹的自动的军事机器。

很多德国人感到愤怒，很多人有大祸临头的恐惧感。但也有一些人若无其事地活着，照常进行社交和娱乐活动，好像什么都没发生。这其实是道德的罪责。

而另一些人，曾因无能为力而绝望，现在他们又意识到了自己的灵魂罪责，由此进一步地完成了自我的蜕变。

5　综述

a) 罪责的后果

如果上述论述并非全无道理，那么毫无疑问，我们每个德国人都有某种形式上的罪责：

1. 每个德国人毫无例外都有政治责任。他应该承担以法律形式确认的赔偿。他必须承受战胜国的行为、决策和内部分歧带来的后果。对此我们无力施加任何影响。只有通过不断的努力，冷静地摆事实讲道理，认清机遇和危险，才有可能最终改变对方的决定。我们应当以有理有节的姿态，主动与战胜国合作。

2. 并非每个德国人，实际上只有极少数德国人会因触犯刑法的犯罪行为被判刑，还有少数德国人会因从事纳粹活动受到惩罚。他们可以为自己辩护，战胜国建立的法院和它们支持的德国司法机构将会作出裁决。

3. 每个德国人需要——也许以不同的方式——进行道德上的自我反省。在这个方面，内心的良知是唯一的审判者。

4. 每个德国人都应该在苦难中认清现实、重塑自我，完成灵魂的蜕变。它应由个人默默完成，他人无法推动或者预期它的发生。最终的结果将成为未来重塑德国灵魂的基础。

也许人们会把罪责区分法当作诡辩的工具，以逃避整个罪责问题，诸如以下说法：

政治责任——有，但只局限于物质世界，我的内心丝毫不受影响。

法律罪责——它只涉及少部分人，没有牵涉到我——与我无关。

道德罪责——我听说，内心的良知是唯一的道德审判官，他人没有权利指责我。我觉得良心上没有什么过不去的，这样也挺好——随它去吧，开始自己的新生活。

灵魂罪责——就像人们常说的——完全是个人的事，任何人无权对他人说三道四。完成灵魂的蜕变，听上去是个古怪的哲学问题，事实上并不存在。即使存在，我也没有感受到。那就不去管它了。

我们对罪责问题的细致区分也许会成为某些人逃避罪责的手段。罪责的区分只体现在表面，下面掩藏着其根源和一致性。

b) 集体的罪责

对罪责因素进行了区分之后，我们回头来探讨集体罪责的问题。

罪责区分虽然总体上是正确的，也是有意义的，但它会带来前文提到的误导，人们可能借此逃脱罪责，减轻自身的负担。不可逃避的集体罪责可能被忽略。不管是粗暴的集体主义思维模式，还是集体主义的评判方式，都不会影响我们共同的归属感。

当然，全人类在上帝面前的整体意识才是真正的集体意识。每个人都可以随时切断与国家、民族、群体之间的羁绊，以天下一家的理想主义胸襟，承担起人类共同的责任。

但就历史而言，我们都归属于某些关系更亲密、范围更狭窄的共同体，否则就失去了立足的根本。

政治责任和集体罪责

首先再强调一个事实，在全世界范围内，对个人的评判和观感很大程度上取决于外界对其所属集体的印象。德国人永远是德国人，现在全世界的人不太愿意与之交往。即使是德国的犹太人，在国外也被当作不受欢迎的德国人，他们本质上被看作是德国人而非犹太人。由于集体主义的思维模式，政治责任往往被视为因道德罪责而必须承担的惩罚，这在历史上屡见不鲜。在野蛮的战争中，全体人民都是被劫掠、强暴和贩卖为奴的对象。胜利者完全从自身的利益出发，对战败者肆意进行道德攻击，后者只能屈服、认罪并接受惩罚。不管基督教徒还是犹太人，凡德国人皆是魔鬼。

我们必须直面世界舆论对我们的看法，它即使不是普遍存在的，也是相当流行的。对政治责任和道德罪责的区分，既有利于自我保护，也可以用来检验集体主义思维的合理成分。我们坚持区分罪责，同时又加以限定：所有导致政治责任的行为都受到整体政治状况的影响，类似于道德品质，因为社会政治同样决定了每个人的道德水平。在这种状况下，每个人都无法做彻底的切割，不管有意还是无意，只要一个人活着，就无法摆脱社会政治的影响，即使他站在当局的对立面。它很像民族生活形态中的集体道德罪责，某种政治状况源自于某种社会形态，而我是生活于其中的一员，因此我要承担相应的集体罪责。

由于政治状况与社会生活形态是密不可分的，所以只要人们无法像隐士一样完全避世隐居，就无法把政治和人的生活分割开来。

政治状况塑造了瑞士人和荷兰人，而我们德国人被长期的教育塑造成了惯于服从、满脑子王权思想、对政治生活漠不关心、不负责任的民族性格——我们每个人多少都有这些特征，即使我们持反对态度。

事实上全体民众都要承受国家行为的后果——昏君闯祸，黎民遭殃（quidquid delirant reges plectuntur Achivi）——这是一个经验性的事实。当人们意识到他们要负起责任，它已经是自由精神觉醒的第一个信号。只要这种意识存在并且受到肯定，自由就已经诞生了，获得自由不仅仅靠由内向外的寻求。

对不自由的国内政治听之任之，内心对此没有罪责感。认识到自身责任是内心转化的开端，只有这样才能实现政治上的民主。

对国家领导人的看法也体现出自由思想和非自由思想的对立。曾经有人提出一个问题：人民是否应该为他们选择的领导人承担罪责？例如拿破仑之于法国。有人认为，绝大多数法国人追随拿破仑，他们需要他带来的力量和荣光。只有在法国人同意的基础上，拿破仑才有可能获得成功。拿破仑的伟大在于他明白地知道，人民大众渴望什么，他们想听什么，需要什么样的排场，想过什么样的物质生活。伦茨认为："与法兰西天才相配的国家应运而生。"他的话对吗？在某种程度上、某个情况下是对的——但国运并非完全取决于民族的天才！民族的天才是由谁确定的？同样一个天才，也可能创造出截然不同的历史。

人们可能会认为，这种情况就像选一个人为伴侣，他与之缔结良缘，在两人结成的命运共同体中共度余生，一个民族也同样要为自己追随某个领导人承担责任。错误即是罪责。人们必须坚忍地承受其后果。可是此处有概念混淆：婚姻中可能和应该存在的状态，即与某个人无条件的身份绑定，在这个国家已经基本被毁了。追随者的忠诚并非正常的政治关系，它只出现在一个小圈子里，是一种相当原始的关系。在一个自由的国度，所有人都可以进行政治监督和意见交流。

所以这里存在双重的罪责：第一重罪，人们在政治上无条件地屈从于某个领袖；第二重罪，他们臣服的领袖有着品性上的问题。屈服恭顺的社会气氛本身就是一种集体罪责。

集体罪责的自我意识

我们的感觉类似于为家人的行为感到抱歉而产生的牵连感。这份牵连感没有具体指向。我们鄙弃任何株连家族的想法。当我们家族中的一个成员做出了不正当的事,作为血脉相连的亲人,我们感觉自己受到了牵连,虽然我们无需承担道德和法律上的责任,但我们想根据具体情况对罪行造成的损失以及受害人进行弥补。

德国人——这里指所有说德语的人——感觉德意志民族的所有事物都与己有关。它不是指国籍的概念,而是指有德意志精神和灵魂的归属感,我们说同样的语言,有共同的种族渊源和历史命运,我们感受到的牵连感并非为了具体的罪责,而是出于共担责任的意识。

我们认为,不光当前发生的事与自己有关,要为同时代人所做的事情承担责任,还要为我们的文化传统承担责任。我们应该承担起父辈的罪责。既然德意志精神允许这样一个政权诞生,我们就必须承担全部的责任。这并不是说,我们认为"德意志的精神世界"、"德国古老的哲学"就是纳粹罪恶行径的思想源头。但它意味着,德国民族传统中隐藏着某些有可能毁灭自身道德的可怕而危险的东西。

我们明白,自己不仅是一个人,更是一个德国人。每个人事实上都是德意志民族的化身。在生命中的某个时刻,当我们说出"我是德国人!"时,心中可能怀着抵触的绝望感,也有可能怀着认同的欣喜感。德意志精神以个体形式展示出来。自我的重铸和新生、对腐败的清理是民族的使命,也是每个人的任务。

由于我在灵魂深处总是难以避免地产生集体归属感,对于我来说——对于每个人来说——"我是德国人"的身份认同不是早就存在的感觉,更像一个任务。它不同于绝对化的民族划分。我首先是个人,我是弗里斯兰人,我是个教授,我是个德国人,我还有其他的集体归属——直到灵魂之交的层次,我对各个与我有情感共鸣的集体有着或远或近的认同感;某些瞬间,我甚至觉得我是个犹太人、荷兰人或者英国人。但是身为德国人的归属感——本质上是在母语环境中生活的感觉——却是永恒不变的,以至于我难以解释甚至不可理喻地感到,我要为德国人所做的一切承担责任。

我在感情上更贴近那些与我有相同感觉的德国人,而疏远那些拒绝承认民族归属感的德国人。情感上的亲近让我们共同完成一项激动人心的任务:不满足于做一个现实中的德国人,而是要做一个前所未有的理想中的德国人;我们想听从先辈们的召唤,而不想延续民族偶像塑造的历史。

因为我们意识到集体的罪责,我们才从根本上意识到自已有重构人性的重大任务——全人类都有同样的任务，但对于一个几乎自我毁灭的民族来说，它是一个急迫而突出的、生死攸关的任务。

作为一个教授，我似乎已经不知如何措辞了。语言确实已经无用了，它只会让人们回想起负面的东西，我们做的分类工作——不管我们认为它如何正确，认为它绝不可能是反动的——也没法让人彻底安心。我们不能因做了这项工作就认为万事大吉，今后可以摆脱压力了，我们还要在压力之下走很远的路，直到我们最珍贵的东西——灵魂的永恒本质——最终走向成熟。

II 辩解的可能性

我们自己和对我们抱着善意的人已经想着怎么减轻我们的罪责了。以下观点有助于得出更为温和的判断,同时更为犀利地总结和描述我们所犯的罪责。

1 恐怖主义

纳粹政权统治下的德国犹如一座监狱。而导致人们陷入监牢的罪责应该归于政治罪责。监狱的大门紧闭,人们无法从内部打开。监狱里存活下来的囚徒们应当承担哪些责任和罪责?要想理清这个问题,我们必须先设问,在当时的情况下人们还能做些什么?

在一座监狱里,让囚徒们为监狱看守的暴行承担责任,显然是不公正的。

也许人们会说,德国有几百万工人和士兵,他们应该起来反抗。他们没有这么做,反而为了纳粹发起的战争而工作和战斗,所以他们是有罪的。

我们的驳论:一千五百万外国劳工也像德国工人一样在战争中劳动,但没有任何证据证明,他们有更多的破坏活动。只是在最后几个星期，纳粹政权行将崩溃的时候，外国劳工才发起了大规模的反抗行动。

在无组织无领导的情况下，不可能出现大规模的抵抗运动，也不可能要求老百姓起来推翻一个恐怖主义国家。这样的反抗只能是零星的，彼此没有联系，从头到尾默默无闻，结果也不为人所知，犹如坠入死寂的深渊。只有一些特例，因为特殊的情况被外界知道，在一定的范围内被人口口相传（例如慕尼黑的大学生绍尔兄妹和胡贝教授的英雄壮举）。

指控平民百姓不去反抗，是一件令人诧异的事情。弗朗茨·韦尔弗（Franz Werfel）在纳粹政权倒台后不久发表了一篇文章，他在文章中无情地指控整个德意志民族：只有尼默勒牧师（Niemöller）一个人起来反抗了——但在同一篇文章中，他又指出有成千上万的人死在纳粹集中营里——为什么呢？因为他们起来反抗了，虽然多半是语言上的反抗。他们是无名的烈士，他们无声无息的消失进一步证明了反抗的无效性。1939年之前，纳粹集中营只存在于德国，即使在那之后，被关押的囚犯也大部分是德国人。1944年每个月由于政治原因被逮捕的人数超过了四千人。纳粹集中营的存在，证明了德国国内一直有人在反抗。

我们在控诉中听出了伪善者的声音，他们在危险来临时逃走了，与集中营里的苦难和死亡以及德国国内的恐惧相比，流亡者在国外的生活虽然也充满痛苦，但毕竟无需直面恐怖政权，现在他们把自己的流亡当作一桩功绩。面对这样的指控之声，我们有理由不带愤怒情绪地进行自我辩护。

也有一些正义之士发出了声音，他们看穿了恐怖主义的国家机器和它带来的后果。德怀特·麦克唐纳（Dwight Macdonald）在1945年4月的《政治》杂志中写道，恐怖主义到达巅峰，人们在恐怖威胁之下被迫担负罪责，他们只有杀人和被杀两种选择。某些被要求下令开枪杀人的指挥官因拒绝参与暴行，被执行枪决。

因此汉娜·阿伦特（Hannah Arendt）说，恐怖主义带来了一个惊人的现象，整个德意志民族都参与了元首的罪行。被压迫者成了共犯。虽然只是局部现象，但它确实存在，看上去最不可能犯罪的人却犯下罪行，他们可能是家中的父亲，勤勉的公民，平时兢兢业业地干各种工作，现在也兢兢业业地在集中营里杀人，或者遵照命令干出其他暴行。①

2 罪责和历史背景

我们要把起因和罪责区分开来。有关事情为何会发生以及为何必然发生的阐释，自然而然地会被看作申辩。起因总是盲

---

① 在她撰写的文章《有组织的罪责》（刊登于《转变》，第一年度，第4期，1946年4月。英文版首发于1945年1月的《犹太前沿》）里，汉娜·阿伦特以客观的冷静态度对此做出了深刻的阐释。

目的，有着必然性；而罪责是可见的，是可以自由选择的。

我们常用同样的方法看待政治事件，历史的因果关系似乎可以减轻民族的罪责。追本溯源，当人们觉察到灾难发生的历史必然性，会产生某种解脱感。

很多人愿意为现实中的所作所为承担责任，但他们又固执地强调，必须以一定的限制条件和要求作为前提。另一方面，一旦遭遇失败，他们习惯以不可避免的必然性为借口，拒绝承担责任。他们只是口头谈论自己的责任，但并不想真的去履行。

与此相对应，近些年有一种说法：如果德国打赢了，纳粹党就成了赢得战争的功臣；一旦德国打败了，德意志民族输了战争，就有了罪责。

但在分析历史的因果关系时，起因和责任不可能被全然区分开来，个人行为本身就是一个因素。只要个人的决策对历史事件产生了影响，成为事件的起因，它本身就意味着罪责或者功绩。

可是成功与否永远取决于意志和决心。即使命中注定的事，最后得到什么结果，也要看人们如何理解、对待和引导它。从史学的角度看，从来没有必然的历史走向。正如人们无法对历史做出准确的预言（也许在天文学上是可行的），当我们回顾历史时，也从来没发现哪段历史或者哪个具体的历史事件是不可避免的。历史永远有多种可能性，以回顾的眼光看，可能性变得更丰富更具体了。

人们对社会历史的见解和历史观也是影响历史进程的一个因素，因此也与责任相关。

除了后天的自由选择以及它带来的罪责和责任之外，一个国家还有所谓先天的自然条件，地缘条件和世界历史形势都被归入此列。

1. 地缘条件

德国①地形四面敞开。如果它想作为一个国家生存下去，就必须随时保持军事上的强大。一旦实力衰落，它会沦为西面、东面和北面甚至南面国家（土耳其）的猎物。不同于英国，更不同于美国，德国人意识到地缘条件让自身无时无刻不受到外界的威胁。为了国内的建设，英国可以几十年如一日地对外界不闻不问，在军事上示弱，它不会因此而被侵占。1066年英国最后一次遭到入侵。而像德国这样的国家，依靠明确的边界才得以维系自身的存在，它不得不成为一个军事强国，才能作为一个民族生存下去。长期以来，奥地利和普鲁士先后成为军事强国。

这两个国家各自的特点和军事特色给其他德意志邦国带来持久的、外来的影响。人们必须掩饰一个事实：在德国境内始终有一个高于其他邦国的强权，它虽然也是一个德意志

---

① 指历史上的泛德意志地区，包括现在的德国、奥地利等国家。

人的政权，但对于其他邦国来说却是一个外来的政权，或者因邦国林立造成国力衰弱，不得不屈从于外国势力。

所以德国没有长期存在的政治军事中心，德国的中心在不断地变动。它造成的后果是，德国的每个中心都只被一部分德国人感受到并得到承认。

因此德国也没有共同的精神文化中心，我们的古典哲学和文学并不是整个民族的财富，而只属于一小部分的知识阶层，但是它又跨越了德国国境，扩散到所有讲德语的地方。人们对大一统的德国没有一致的认同。

可以说，德国的地缘环境造成了军国主义及其后果——普遍的臣仆观念、奴性、缺乏自由意识和民主精神，同时也让每个国家实体都成为短暂存在的现象。只有遇到好的时机，再加上特别明智审慎的政治家，这个国家才有可能长期存在。只要出现一个不负责任的政治家，他就有可能让国家在政治上万劫不复。

上述看法基本上是正确的，但我们不可视之为绝对化的决定因素。出现哪种军事体制，是否出现明智的领导人，绝不取决于地缘环境。

同样的地缘条件下，古罗马人的政治气质和团结审慎的民族精神带来了截然不同的后果，他们统一了整个意大利，建立了世界帝国，尽管最终也丧失了自由。罗马共和国阶段特别值得注意，因为它揭示了军事上的成功和帝国主义如何导致一个民主的民族逐渐丧失自由。

当地缘环境尚能保证自由发展的空间时,人们总是认为,民族天性是决定性的因素,它与罪责/责任没有任何关系。而现在民族性却成了抬高或者贬低(某个民族)的工具,充斥着错误的评判。

也许在我们的民族天性中,真的存在某种足以影响民族精神发展的基本特征,但我们对此知之甚少。一个民族给人的直观印象既是明显的,又带有欺骗性,某个时期是准确的,但从长期看又不可靠,所谓人种学并不能让人们获得对一个民族更为真实的认识。

事实上民族性是由特殊的历史现象塑造而成的。它是历史事件的后果,受到由历史事件造成的社会状况的影响。它本质上是一系列的现象,作为某种类型呈现在外人面前。随着形势的变化,民族性中隐藏的一面又会暴露出来。也许真的存在先天形成的民族性格,就像民族天赋一样,但我们对此并无深刻了解。

我们不能以此为理由推卸自身的责任,而要接纳自身作为人类的全部潜质。

2. 世界历史形势

相比德国的地缘条件——地处欧陆中央、难以防御外敌、比其他欧洲国家更容易受外界的影响,德国在世界上的自我定位、世界上发生的历史事件、其他国家对待德国的态度，起着更为关键的作用。所以德国虽有外交高于内政的说法，但从历史上看并不奏效。

我不想描述过去半个世纪的世界政治风云，它对于德国发生的事情肯定不是无关紧要的因素。我只关注内在的、精神性的世界现象，我认为：整个欧洲的精神和信仰危机最终在德国来了个总爆发。

这一点无法减轻我们的罪责。毕竟它在德国爆发了，而非在其他国家。但它可以避免绝对的割裂态度，德国发生的事情也为其他国家提供了教训，它关系到每一个人。

严峻的世界历史形势是很难简单下定义的：基督教和圣经信仰的日渐沉沦；无信仰状态的人们需要填补空虚；技术和工作方式引起的社会变化，无可避免地带来社会秩序的改变，人民大众，每一个人都想获得人权。人们普遍认为，应该有所改变了。在这种情况下，受影响最深、内心无法获得平静的人，很容易在鲁莽仓促间找到虚假的、富有欺骗性的解决方法。

在这一席卷世界的浪潮中，德国以其独特的舞姿，跳出了自欺欺人的毁灭之舞。

3 他人的罪责

没有意识到自身错误的人，常常会攻击那些控诉他们的人。

目前德国人对他人的反击往往是无法正确认识自己的体现，但它也是我们在这场灾难中认清自我的一个契机。只有通过不断的自我反省，我们才能走出过去的阴霾，奠定新生活的基础。

但这并不意味着，当我们把目光投向那些把我们从希特勒统治的枷锁中解救出来并给我们带来新生的国家时，我们没有权利说出有关它们的事实。

我们应该搞清楚，也必须搞清楚，其他国家的所作所为对我们内在和外在的境况产生了哪些负面影响，因为它们曾经做的和即将做的一切，都代表着整个世界对我们的影响，我们无法脱离这个世界，还必须在其中找到出路。我们必须放弃幻想，既不能盲目拒绝，也不能盲目期待。

当我们谈到所有人的罪责时，它容易引起误导。其他人的所作所为让某些事情成为可能，这是一种政治罪责，我们进行讨论时绝不要忘记，它和希特勒的罪行不在一个层面上。

我们认为有两点至为关键：战胜国自 1918 年以来的政治行动和它们在希特勒政权建立过程中的放任自流。

1. 英国、法国、美国是 1918 年的战胜国。世界历史的发展掌握在它们的手中，而不在被战胜国手中。战胜国——也仅有战胜国肩负着历史的责任，它们可以逃避责任，如果这样，它们显然应该承担历史的罪责。

战胜国不能只扫自家门前的雪，只想躲清静，不管世界上发生的事情。当某件事情可能带来灾难性的后果，它们有能力插手阻止。有能力者的不作为正是它们政治罪责的体现。如果它们只满足于字面上的谴责，则意味着它们逃避了自身的使命。"不作为"是针对那些认为自身毫无责任的战胜国的指责。

我们还可以谈谈《凡尔赛和约》以及它的后果，它刺激了纳粹主义的产生，将德国推到目前的处境。我们容忍了日本对中国东北的入侵，侵略者的首次尝试理应受到惩戒；我们对1935年墨索里尼入侵埃塞俄比亚坐视不理。我们应该指责英国的外交政策，日内瓦的国际联盟通过了对墨索里尼进行制裁的决议，但它成了一纸空文，既无意愿也无力量消灭墨索里尼，同时也无法采取明确的反向措施，比如反过来与意大利结盟并慢慢转化这个政权，使之站在希特勒的对立面，以保障和平。1934年，针对希特勒入侵奥地利的企图，墨索里尼曾经进行军队动员，发表了日后被遗忘的威胁希特勒的演讲，当时他已经打算联合西方国家，共同对抗德国。半吊子的政策促成了后来希特勒和墨索里尼的联盟。

但是我们必须承认：没有人知道，做出其他决定会引发什么后果。首先，英国人采取道德主义的政策（甚至被纳粹主义者视为英国的软弱），因此他们无法毫无顾忌地实施有效的措施。他们想要和平。在走极端之前，他们不想放过任何一个维护和平的机会。在和平无望的时候,他们才开始为战争做准备。

2. 除了全体国民的团结之外,还存在欧洲人的团结意识和全人类的团结意识。

不管是否合理,当德国监狱的大门落锁之后,我们曾经指望过欧洲同胞施以援手。

虽然我们尚未意识到最终的残酷后果和罪行,但我们已经看到了自由的绝对缺失。我们明白,这给了掌权者独断专行的空间。我们看出了不公和令人厌恶之处,虽然与后来几年相比,当时邪恶尚未完全彰显。我们知道集中营的存在,虽然不知道那里具体发生了什么残酷的事情。

我们失去了自由,被迫生活在粗暴无文之辈的独裁统治下,我们应该为自己陷入这样的政治境况承担共同的责任。但同时它也能减轻我们的罪责,我们自身也是富有欺骗性的违法和暴力行为的受害者。正如在一个国家里,犯罪行为的受害者总是指望本国的社会制度能为他们带来正义,我们也曾经寄希望于欧洲各国,希望欧洲人的共同秩序能制止此类国家犯罪。

我无法忘记 1931 年 5 月与一位后来流亡国外、现居美国的朋友[①]在我家中的对话,我们满心渴望地讨论着西方国

---

① 那位朋友是哲学家埃里希·弗兰克(Erich Frank,1948 年去世),当时他满怀着对欧洲各国的期冀前往阿姆斯特丹。

家马上进行武装干涉的可能。他说，再等一年，希特勒就会赢了，那时德国就输了，也许欧洲也输了。

怀着这样的心情，作为受害人，我们在某些事情上看得明白，有时又陷入盲目，然后我们一次又一次惊骇地经历下列事件：

1933年初夏，梵蒂冈与希特勒签订了协定。罗马教皇同意进行谈判。这是对希特勒政权的第一次重要的认可，让希特勒赢得了极大的声望。看似难以置信，事实上却发生了。我们陷入了恐惧。

所有国家都承认了希特勒政权，到处都是赞美之声。

1936年德国举办了柏林奥运会，世界各国的人蜂拥而至。我们怀着压抑的愤怒，看着出现在德国的外国人，我们痛楚地意识到自己被抛弃了——但他们与很多德国人一样被蒙在鼓里。

1936年，德国占领莱茵地区，法国容忍了。

1938年丘吉尔在《泰晤士报》上发表了致希特勒的公开信，信中有如下字句："如果英国也像德国一样遭遇了1918年后的不幸，我将向上帝祈求，为我们送来一位具备您的意志和精神的领导人。"［我本人对这封信有印象，但这里根据勒普克（Röpke）的记忆复述］

1935年，英国通过里宾特洛甫（Ribbentrop）与希特勒签订了《英德海军协定》，它对我们来说意味着，英国抛弃了德意志民族，他们只想和希特勒媾和。我们对他们来说是无足轻重的。英国人不想承担对欧洲的责任。他们不仅坐视德国境内邪恶蔓延，还与之相勾结，他们任凭德国人在恐怖的军国主义国家里沉沦。虽然他们在报纸上进行抨击，却没有任何行动。我们这些生活在德国的人已经是无能为力了，但他们那时还有能力，在更多的人受害之前，帮助我们重获自由。可他们什么都没有做。后来他们也付出了代价，必须承担更多的牺牲。

1939年苏联与希特勒签订了协议。希特勒认为发动战争的时机到了——战争开始后，所有的中立国包括美国在内都袖手旁观。全世界没有想到团结起来迅速消灭恶魔。

勒普克在瑞士出版的著作中形象地描述了1933年到1939年德国的境况：

"当今世界的灾难是全世界对所有的预警信号坐视不理而付出的高昂代价，1930年到1939年来自地狱的呼啸声变得越来越尖锐，纳粹主义的恶魔力量被释放出来，起初它只针对德国，后来针对全世界。战争的恐怖程度，正好匹配全世界对德国国内暴行的纵容程度，当时各国还与纳粹德国保持着正常关系，与之共庆国际盛典，共同组织召开国际会议。"

"现在大家应该明白了，德国人才是遭受由下往上的野蛮入侵的第一个受害者，他们首先遭遇恐怖威胁和大规模洗脑,后来被占领国人民承受的一切,德国人早就领教过了,包括最糟糕的命运——通过压制和误导,他们被制造成继续对外侵略和压迫的工具。"

人们指责我们在暴政之下无所作为,听任罪行发生,坐视纳粹政权越来越稳固,这些都是真的。但我们也要看到,不受暴政压迫的其他人也没有采取任何行动,无意间助长了罪恶,因为他们认为发生在国外的事情与自己无关。

我们应当承认,只有我们才有罪吗?

从德国人挑起战争的角度来说,确实是这样——

谁首先集合各方力量组成恐怖主义组织,用来发动战争?

哪个民族在国内背叛和抛弃了自身的本质?

除此之外,谁干了那些令人发指的暴行?

德怀特·麦克唐纳说过,大量的战争罪行发生在各个层面,但其中一部分带有德国人的特色,比如无任何政治理由的偏执仇恨——用现代化的先进工具有效率地对人进行折磨,其残酷性超越了任何中世纪的刑具,但这只涉及一小部分德国人(奉命行事的人当中有一条不明确的分界线)。反犹主义在德国从来不是全民参与的运动,普通民众并没有参与反犹大屠杀,他们并没有自发地迫害犹太人。老百姓只是沉默着,畏缩不前,不敢公开表达内心的不满。

我们应当承认,只有我们才有罪吗?

不，如果我们整个民族被永久地视为邪恶的种族，被贬为有罪的民族，我们有权说不，针对世界舆论，我们有权利指出事实。

只要我们永远铭记，不让历史重演，以下的论述就不会对我们的内在认知产生负面影响。

1. 我们指责他人或者他人自我指责的所有罪责，都无法与纳粹德国犯下的罪行相提并论。那时他们只是放任自流、摇摆不定，犯下了政治上的错误。

在战争进行的过程中，对方也建立了类似集中营的战俘营，实施了首先出现在德国的战争行为，但那些都是次要的。在此我们不谈停战以来发生的事，也不谈德国曾经遭受的苦难和战败投降后的遭遇。

2. 我们对罪责的阐释不仅能帮助我们认识自身的罪责，也能让我们看清他人的罪责。

3. "他人并不比自己更好"的俗语通常是对的，但不适用于眼下的情况。因为现在，在过去的十二年里，其他人在各方面都做得比我们更好。普世的真理并不能让我们抹杀现实的罪责。

4　所有人的罪责？

谈到西方国家暧昧的政治态度，往往涉及到政治上的种种不得已，人们得出的答案是，所有人都有错。

思考他人的行为并不意味着我们想减轻自己的罪责，但足以唤起我们的忧虑，我们和其他人一样都是人，同样有着人性，现在人们已经意识到人类作为整体的存在，进入科技时代之后，人性既可能促进世界秩序，也可能起破坏作用。

我们都是人，这个事实让我们对人类产生忧虑。假如胜利者们不是像我们一样的普通人，而是大公无私的世界主宰，我们倒可以松一口气了。他们将以明智的远见主导幸福的重建工作，并且保障有效的战后赔偿。他们将以实际行动为我们做出民主政治的榜样，并让我们在日常生活中确信无疑地感受到。他们将展开理智的、公开的、没有私心杂念的自由对话，然后迅速合理地解决所有出现的问题，不会再有欺骗和伪装，人们不再沉默，他们在公开场合说的话和私下里说的话不再有差别。我们的人民将得到良好的教育，大家的思想将变得朝气蓬勃，我们将传承最为丰富多彩的传统文化。我们受到虽然严厉却是合理的、善意而充满爱心的对待，只有极少的不幸和错误发生。

但他们也是像我们一样的普通人。他们的手中掌握着人类的未来。我们的生存状态和生命的全部可能性都取决于他们的行动，他们的所作所为。所以我们必须像关心自己的事情那样，关心他们的意愿、想法和做法。

出于忧虑，我们提出一个问题：其他民族是否能在类似情况下扭转自己的政治命运，比我们更加走运？也许他们也会像我们一样犯错误，但不至于造成让我们跌落深渊的灾难性后果。

他们拒绝听我们这些道德败坏的不幸者发出的警告，当德国人为世界历史感到忧虑时，他们也许根本无法理解，甚至觉得我们妄自尊大——为什么德国人不专心考虑自己的事情，而要为他人担忧？我们有一个沉重如阿尔卑斯山的假想，如果美国也出现一个希特勒式的独裁者，那么世界就完了，我们在有生之年都看不到希望了。我们德国人能从外界获得解放，如果独裁者出现在美国，就不可能从内部得到解放。如果盎格鲁-撒克逊世界也像我们从前那样，国内政权被独裁者窃取，就不可能再有外援，也就再无解放的可能。欧洲人民争取到的自由以及几百年来、上千年来为之抗争的事业也将付诸东流。野蛮的暴政将会重现，这次借助于科技的手段。人类最终或许会重获自由，但希望在很久的未来才会降临。柏拉图曾经说过，在漫漫的历史长河中，星星点点的可能性变成此处或彼处的现实及其重演。我们满怀恐惧地看待道德优越论者们的感受，因为面对危险时，如果有人觉得自己绝对安全，他就已经在走向衰亡了。德国的命运是所有人的教训。人们应该理解其内涵！我们不是邪恶的种族。到处都有与我们有着相似个性的人。到处都有暴戾的、罪恶的、孔武有力的少数派群体，他们伺机夺取政权并犯下累累罪行。

我们有理由为那些信心满满的胜利者感到忧虑，因为从现在开始，他们掌握着扭转乾坤的决定权。问题在于，他们将制止灾难还是制造新的灾难。如果他们犯了错误，对于我们和他们来说都是同等的灾难。从现在开始，他们应该从人类的整体利益出发，提高自身的责任感。如果不切断罪恶的链条，胜利者将重蹈我们的覆辙，这次将连累到全人类。短视的世俗观念——体现为不可抗拒的世界舆论的浪潮——将带来巨大的危险。上帝的工具并非上帝本身。以恶制恶，把矛头对准监狱里的囚徒，而非监狱的看守，将会制造出新的罪恶和灾难。

如果追究自身罪责的源头，我们将会追到人性本身，它以德国人的方式犯下了独特而可怕的罪行，但仍存在于人之为人的可能性中。

谈到德国人的罪行，有人认为，它是所有人的罪责，全世界隐藏的罪恶为德国爆发的罪恶推波助澜。

如果我们德国人想用人性之罪减轻自身的罪责，那么我们只能做出虚假的道歉。我们不应该宽慰自己，而应该更加深刻地反思。

原罪不是德国人回避自身罪责的理由。承认人性的原罪，并不意味着宽宥德国人的罪责。不要把德国人的集体认罪虚伪地包装成对原罪的宗教忏悔，不要以狡诈的暧昧态度用后者取代前者。

我们无意指责他人。但作为一个历尽忧患终得解脱的思考者来说,我们希望他人不要重蹈我们的覆辙。

现在历史翻开了新的篇章。从此之后,战胜国要为未来发生的事承担责任了。

Ⅲ　自我反省

一个民族对于历史的反思和个人的自我反省是两个不同的命题，但前者只能在后者的基础上完成。人与人之间的真实交流可以促进大众的觉醒，最终促成一个民族的整体反思。

但我们反对集体主义的思维模式，真实的变化只能通过个体完成，通过众多的个体独立完成，而不是依赖感化式的人际交流。

所有德国人都在思考自己的罪责问题，有时以截然不同甚至完全相反的方式。我们所有人都在这么做，不管纳粹分子还是反纳粹者。这里的"我们"指那些与我有共通之处的人们——无论在语言、出身、境遇还是命运方面。当我使用"我们"这个词时，并无指责任何人的意思。如果其他德国人没有负罪感，那只是他们个人的事情——需要为纳粹政权的行为承担刑事罪责和政治责任的人除外。认为自己无罪的人，一旦主动攻击他人，他们自身会成为被攻击的目标。假如他们保持纳粹的思维方式，并以此为评判标准剥夺我们作为德国人的权利,既不想深刻思考,也不想倾听事情的原委,盲目地全盘否定他人的意见,那么也就没有和他们讲团结的必要,没有必要再和他们进行任何建设性的对话。

民众中有些人不乏自然、冷静而审慎的洞察力,以下朴素的言语可作为典型的范例:

一位八十高龄的学者说:"在过去的十二年里,我的立场从未动摇过,但我对自己从未感到满意。我曾经想过,我是否能从纯粹的消极抵抗转变到付诸行动,希特勒的组织太邪恶了。"

一位年轻的反纳粹主义者说:"即使我们这些纳粹的反对者们也需要自我的反省——毕竟在过去的十几年里我们咬着牙向'邪恶的政权'低头了。有些人认为自己没有佩戴纳粹党徽就足以自封为大好人了,我们不想与那些伪善者为伍。"

一位官员在"去纳粹化"的过程中说:"当我想到自己在党内任人摆布,为了过好自己的小日子,为一个纳粹国家添砖加瓦,成为被人利用的工具——即使我内心是纳粹的反对者——现在我饱尝苦果,但我没法抱怨什么。"

1 对反省的逃避

a)互相指责

我们德国人在支持和反对纳粹两方面的参与方式和程度

都极为不同。每个人都需要反思自身内在和外在的表现，在这场德国人的大危机中获得自我的新生。

我们内心嬗变的时间点也各有不同：有人在 1933 年已经开始，有人在 1934 年 6 月 30 日的谋杀事件之后，有人从 1938 年犹太教堂纵火案开始，有人在战争中或者临近战败时甚至纳粹政权崩溃后才幡然醒悟。

上述各个时间点都不能当作区分德国人的原点坐标，从觉醒契机的差异性来说，我们应该对每个德国同胞持包容态度，如果真的想找一个能标注所有德国人的原点，也许就是我们的国籍了。在此坐标之内，所有坐视 1933 年的事情发生却未曾死去的德国人都逃不开责任，包括那些内心流亡和远走他乡的人们。

巨大的差异让人们能轻易地指责他人。长期以来，人们往往只看到他自己和同类人的处境，并据此评判其他人。让人惊奇的是，人们只有在遇到与己相关的事时才会情绪激动，对别人的处境视而不见。如果我们在对话中缺乏耐心，没有同情心，总是简单粗暴地拒绝听别人的意见，对话很容易变成争吵。

过去有一些德国人要求同胞们都去做烈士，他们认为，我们不应该沉默地忍受一切，即使我们的行动没有成功，它也为全体民众立下了道德上的标杆，体现出被压迫者的力量。自 1933 年以来，我一直听到朋友们的指责，其中有男有女。

他们的呼吁慷慨激昂,虽然蕴含着真理,而它提倡的方法却是病态的。当一个人对自己提出超凡入圣的要求,他确实能从道德层面提升自我,并且成为轰动一时的人物。但他缺少冷静和敬畏。

在互相指责方面有一个糟糕的例子,那就是海外流亡者和留在德国的人之间的争吵,也就是所谓的肉体流亡者和内心流亡者的争吵。双方各有苦痛。海外流亡者的痛苦在于陌生的语言环境和思乡之情。一个流亡纽约的犹太人是其中一个典型的例子,他在自己的房间里悬挂希特勒的照片,为什么?因为他必须强迫自己想到回国后的遭遇,才能战胜他的思乡之情。对于留在德国本土的人来说,在自己的祖国感受到的被抛弃感和被排斥感,受威胁的感觉,困境中的孤独感,偶尔能在少许的欢乐中逃避,但快乐又带来新的痛苦。现在两类人互相指责,我们忍不住要问了,如果我们代入我们指责的人的境遇和观感,我们心里会好受吗?我们能从他们身上看到振奋、自由和爱等鼓舞人心的东西,并把他们当作榜样吗?如果不能,为什么不相信他们说的话呢?

b)自我放弃和冥顽不化

我们对外界的指责非常敏感,又很容易对他人进行指责。我们不想被别人踩痛脚,但热衷于对别人进行道德评判。即使犯了错的人,也不想听到别人的议论。即使他允许别人议论他，也不想让每个人都参与进来。在这个世界上，人们总是热衷于追究谁是干坏事的始作俑者，对待日常生活中的琐事也是如此。

对批评极端敏感的人，反过来又很容易迅速认罪。但这种认罪是虚假的，是冲动而又洋洋自得的——它有一个不容易混淆的特征，即与同一个人反向的表现一样，同样受到权力意识的驱使。人们能够感觉到，认罪者通过认罪获得高人一等的自我价值感。他通过自己的认罪行为逼迫其他人认罪，其中蕴含着咄咄逼人的味道。

从哲学角度说，对待罪责问题的关键在于内心的真实态度，急于认罪与过分敏感的态度一样不可取。

现在我想对一些社会现象做出心理分析，它关系到如何严肃地对待德国的问题。我们的危险在于社会上普遍存在的两种现象：人们以自暴自弃、自艾自怜的态度认罪，或者，他们怀着执拗的高傲将自我封闭起来。

有人受眼前利益的诱惑，很容易受到诱导。在他们看来，认罪是对自己有利的。世界人民对"邪恶德国人"的愤怒更助长了他们急于认罪的心态。他们对有权有势的人阿谀奉承，说着掌权者爱听的话。他们做出令人不快的姿态，通过认罪显示自己比周围的人更好。他们的自我揭露暗藏着对没有相同举动的其他人的攻击。这种廉价的自我批判是卑鄙的，唯利是图的谄媚暴露出其自身的厚颜无耻。

还有一些人秉持倔强的高傲态度。面对他人的道德攻击，他们表现得顽固不化。他们想保持所谓内心的独立以维护自我的意识。但由于他们没搞清问题的本质，他们的坚持没有任何益处。

问题的本质在于一个永恒的社会现实——现在它以新的形式体现出来，那就是，当一个人被彻底击败后，如果他在生死之间选择了生，他只能老老实实地活下去，真实是他生命中仅存的尊严，他已经意识清醒地做出了生命的抉择。

一个人选择卑微地活下去，这个选择本身蕴含着尊重生命的严肃意义。抉择之后的转变体现出生命价值观的调整。人们做出选择，并且承担后果，担负起痛苦和辛劳，也许在此过程中，他们得以展现出人类最崇高的灵魂。没有什么东西可以免费得到，没有什么东西是天上掉下来的。只有搞清楚我们的抉择是造成现状的根本原因，才能避免自我放弃和冥顽不化的行为方式。自省让我们清醒地做出抉择并承担后果。

如果说战败者负有罪责，这意味着他不仅丧失了权力，还要承担罪责。两者都要求人们进行彻底的自我改造，但他们往往想逃避。

顽固不化的人常把各种理念、所谓的"崇高"和情感的虔诚当作自我欺骗的工具，继续坚持旧的立场。

他们改变了"人应该接受已经发生的历史"这一观念的

内在含义。他们认为,"承认历史"就是隐藏邪恶,他们试图从邪恶中找出光明,以此对抗胜利者,维护内心的骄傲。他们认为:"我们应该明白,创造以往历史的原始欲望依旧隐藏在我们的体内,我们必须承认它,在生命中接纳它……我们曾经是,并且永远是善恶共生的双面体……我们自身就是一部完整的历史,我们就是创造历史的力量。"这种"虔敬"的历史观将会把德国的年轻一代再次塑造成老一辈的样子。

披着虔敬的外衣,他们把我们挚爱的民族历史与过去曾被众多德国人厌恶和诟病的社会现实混为一谈。

在辨明邪恶的过程中,人们有可能发表如下言论:"我们有足够的勇气,足够伟大和宽厚,所以我们才敢于承认,我们身上真实存在着一些可怕的东西,而且它们以后也会存在,但我们有能力把它们转化为正面积极的品质。我们认识到内心潜藏的危险,它曾经让我们悲惨地误入歧途。我们怀着虔诚之心热爱着德国自古至今的全部历史,所有的历史错误加起来也无损它的伟大。我们勇敢地认识到,自己的内心藏着一座会喷发的活火山,但我们有信心抑制住它,让自己获得自由的空间——虽然有着可能导致危险的力量,我们在与他人相处时却体现出人道主义的精神。"

但这是一种误导性的说辞,源自于糟糕的非理性哲学——没有决断力,满足于存在主义的调和论。光"抑制"

是远远不够的,人们必须做出"选择"。如果做不到这点,人们可能坚持邪恶的立场,"勇敢地犯罪"(pecca fortiter)。它容易让人误解,以为只有虚幻的团体才有可能牵涉到邪恶的勾当中。

另一些人的顽固态度体现为他们从美学的角度赞赏纳粹主义,视之为"历史哲学",他们的心志被迷惑,从貌似理性清醒的灾难和邪恶中看到了虚假的伟大:

"1932年春天,一位德国哲学家曾经预言,在十年之内,全世界将会被政治上的两极——美国和苏联——支配,德国将变成一个政治地理名词,它不再是一个国家实体,只作为一个精神性的力量存在下去。

"自1918年德国战败以来,德国历史的希望在于大德意志地区的兼并,因此必须反对预言中世界格局两极化的趋势。为了实现本民族的目标,德国人付出巨大的努力,以孤立而执拗的姿态,对抗着两极化的趋势。

"如果德国哲学家关于美苏将在十年内确立世界霸权的预言是正确的,我们就可以理解,为什么德国如此迅猛而急切地采取行动。它是有意义、有魄力的反抗之举,但从历史时间点上说已经太晚了。在过去的几个月里,我们看到了,它最终演变成了横冲直撞、一意孤行的行动。一位哲学家断言,德国的历史已经结束了,美苏的时代开始了。面对这个学术论断,有着宏大历史诉求的德国人不会坐以待毙。他们爆发了,怀着信仰和仇恨的激情,慷慨激昂地投入战斗和进攻。"

1945年夏季,我非常尊重的一位先生在抑郁迷茫的状态中写下了上述文字。

以上列举的种种态度都不是真正的自省,而是陷入了内心的纠结。不管自我放弃还是冥顽不化,其根本动机都是想获得心灵的片刻解脱。人们必须先找到内心的支撑,才有勇气直面无路可走的困境。它是内心涌起的复杂情绪,由于不想面对真实的改变,这种情绪变得更加强烈。

冥顽不化往往表现为抱着敌意的沉默。面对无可驳斥的理由,他们选择逃避。他们把沉默当作最后的反抗工具,在沉默中坚持自我。他们用沉默羞辱掌权者,默默地隐藏自我,暗中思考着通过政治手段重新夺权的可能性,未曾参与过大型企业武器生产的人可能会认为,这些人的想法是可笑的。他们在内心为自己辩护,拒不认罪。他们认为德国落败只是因为时运不济,胜利者纯粹依靠物质上的优势,他们认为自己虽败犹荣,心中保持着忠诚和英雄气概。虚幻的思想和先入为主的自我催眠只能让他们心中积累越来越多的毒素,在错误的道路上越走越远,"还没有全力以赴战到最后呢……""如果有那一天,我们将……"

c)以貌似有理、但在罪责问题上无关大局的因素为借口,回避自我反省

有些人只看到自身的困苦,说帮帮我们吧,别谈什么惩

罚。我们可怜的处境难道还算不上报应吗?他们有以下的观点:

"忘记了可怕的大轰炸吗?几百万无辜者失去了健康和全部财产,难道不足以作为德国所犯罪行的抵偿吗?德国难民们向上天哀告的惨状,难道不足以消弭人们的敌意吗?"

"我是南提洛尔人,三十年前来德国时我还是一个年轻的女子。我完整地体验了德国人所有的痛苦,各种打击,各种牺牲,饱尝了生活的苦酒——现在我觉得自己成了被告,为了我从未犯下的罪行。"

"现在整个民族经历了难以想象的巨大不幸,不要再往他们的伤口上撒盐了。德国人中的一部分无辜者已经承受了太多的苦难,超出了他们应得的程度。"

事实上灾难是普世性的。所有人都在抱怨,他们都有抱怨的理由:从集中营逃脱的人,被迫害的人,怀着恐怖记忆的人,以悲惨的方式失去亲人的人。数百万的逃亡者和避难者,他们无望地在海外漂泊。许多随大溜加入纳粹党的人现在被开除了公职,他们陷入了贫困。这些年来在战斗中牺牲的美国人和其他同盟国的士兵,几百万的死者。在纳粹的恐怖统治下饱受折磨的欧洲各国人民。在异国的语言环境中辛苦求生的德国流亡者。所有的人,所有的人都在受苦。

列举种种苦难时,我有意地列举了很多群体,让人们感知其中的差异。所有的苦难都让人民的生活遭受不幸,但从背景上分析，它们又有着本质的不同。我们不能把所有的苦难都归为一类，把所有的受难者都当作无辜的人。

总体而言，虽然我们德国人现在遭受巨大的苦难，但是我们应该为1945年之前的事情承担最大的责任。

我们所有人，每个个体都必须承担责任。我们不能轻易地把自己当作无辜者或者灾难中的牺牲品，不要指望对苦难的补偿，我们必须进行苦涩的自我反省，扪心自问，我的哪些感觉是错的？哪些想法是错的？哪些做法是错的？我们应该尽量在自己身上找原因，不要把责任推卸给别的人和事，面对苦难不要退缩。只有下定决心，才能迷途知返。

d）通过责任的泛化回避自我反省

我作为个体无足轻重，高居个人之上的社会整体环境决定了历史的走向，我无力施加任何影响，因此也不承担罪责，由此自身的责任似乎减轻了。我只是被动无力地活着，并没有参与任何事情。我活得身不由己。下面举一些例子：

1. 人们以道德观念评述历史时总是期待整体上的正义："世间的罪恶皆有报应。"

我知道我个人逃不开整体性的罪责，我的个人行为对社会大环境没有任何影响力。如果我属于战败方，我在战败的大环境中找不到灵魂的出路；如果我属于战胜国，胜利会让我获得良心上的优越感。在漠视个人作用的社会思潮中，道德动机变得无关紧要。自暴自弃的认罪态度和道德优越感一样,只会妨碍个人的人道主义反省。

人们的经验与泛道德主义历史观相悖,事物的发展总有两面性。太阳同时照耀着义人和不义者。分摊快乐和德行才不会造成对抗。

还有一个相反的错误论断:世界上没有正邪之分。

有时候,一个国家的现状及其所作所为让人们产生了某种难以消除的感觉:"这种事不会有好结果的。""这么做肯定会自食其果。"但如果人们在感情上坚信正义必胜,往往会失望,因为正义未必总能获胜。美好和真实的东西不会凭空出现,多数情况下人们得不到任何补偿。无论是否无辜,人们都会遭遇不幸和报复。在不利的情势下,哪怕人们有最纯真的愿望、最无私的真诚和最大的勇气也无法取得成功,无所作为的人有时却因他人的行动而坐收渔利。

在分析罪责和报应的关系时,"责任泛化"和"环境影响"理论——虽然在形而上的层面有一定真实性——已经沦为个人逃避其应当承担的责任的借口。

2. 悲观的世界观:世间万物都有终结,不管采取什么行动,最终都会归于失败,所有的东西都蕴含着腐败的萌芽,此处的失败和彼处的失败没有什么区别,卑鄙和高贵最终都将沦亡。由此他剥夺了自身存在的价值。

3. 人们认为自身的灾难是全人类集体罪责的后果，通过形而上的诠释赋予其独特的价值——德国是大时代灾难的牺牲品，它为了全人类受难。全人类的罪责在德国人身上总爆发，德国人承担了所有的惩罚。

这同样是矫揉造作的错误论调，偏离了冷静的视角，人们本应通过自省和内心的转变成为更好的人，而这种论调沉湎于某种"美感"，不负责任，无助于灵魂内核的实现。它会让人产生一种新的错误的集体主义自我价值观。

4. 面对降临到自己头上的巨大灾难，当德国人大声呼吁"我们已经遭受惩罚了"时，似乎我们的罪责就有了被豁免的可能。

我们应当区别对待各类罪责：刑事罪责可以被赦免，政治罪责的定义基于和平条约，有一定的范围。"豁免"观念适用于这两类罪责。但与社会团体相关的和个人的道德罪责和灵魂罪责，就本质而言是无法被豁免的，它永远存在。背负罪责的人，终其一生无法摆脱内心的审判。

我们德国人有两种选择：从此后把承担罪责当作德国人民族意识的一个重要特征——即使外国人不认为我们有罪，我们的良心也不会放过我们——然后我们转变自己的灵魂；或者我们抱着无所谓的态度，任自己在平庸的生活中沉沦，然后我们的民族不再有来自本源的冲动，我们不再明白存在的意义，我们再也无法理解我们崇高的文学、艺术、音乐、哲学中蕴含的神性。

不经历灵魂深处对罪责的深刻反思，德国人无法找到真理。

2　反省之路

行动上的反省体现为战后赔偿。

政治上的反省体现为，即使德国仍未摆脱贫困，它依旧愿意帮助被纳粹德国侵略的国家进行战后重建，并将其以法律形式确定下来。

除了法律形式之外，此类行动获得成功的前提是合理的负担摊派，在生活、工作能力、工作机会等方面。如果战胜国以政治手段消除这个前提，德国履行战后经济赔偿的政治意愿就不可能获得成功。此时战后赔偿不再有维护和平的意义，反而是战争的延续，是战胜国打压战败国的手段。

或许会有更多的经济赔偿。自觉有罪的人想帮助那些受到纳粹独裁政权迫害的人。

这里有两个不可混淆的动机：有些人只想帮助有困难的人，不问原因，只要身边有这样的人并且他们需要帮助；有些人则想要给予那些被纳粹政权驱逐、掠夺、抢劫、伤害的人以及流亡者特殊的补偿。

两种动机都是合理的，但其中有区别。如果人们没有负罪感，他们就会一视同仁地看待所有受苦的人。有负罪感的人则会针对某些群体进行特殊的补偿。

以赔偿的方式完成自我的反省是不可或缺的。但反省还包括更多的内容。人们也应该严肃地对待赔偿行为，只有当我们彻底完成自我的改造，赔偿的举动才具有道德上的意义。

认清罪责也意味着认清我们的新生活和未来的机遇，严肃的生活态度和决心由此而来。

展开反思后，生活就不再是无拘无束的快乐享受。我们总想抓住生活中转瞬即逝的快乐，但它无法填满我们的生命，只是忧郁背景上的可爱魔法。从本质上说，完成使命之余，才有所谓生活。

然后，我们会变得谦逊。面对神性，在内心承认人类的局限和不完美。

然后，我们能毫无权力欲地在与人为善的气氛中讨论真相，彼此携手团结起来。

然后，我们能不带攻击性地保持沉默，在朴素的沉默中听取清晰的表达。

然后，只有真理和行动才会显出重要性。我们准备承受命运给予的一切，不耍任何花招。业已发生的事，将会一直存在，只要我们活着，我们就永远不能忘记自身的人道主义使命。

自省是人性自我完善的历程。对罪责的反省只是其中的一个片段。自省不是看外在的行动，也不靠魔法的力量，它是一段心灵的历程，永不休止，永远在自我完成的过程中。自省是自由的事业。每个人都永远站在自我净化和忧郁迷茫的十字路口。

自省之路对于每个人来说都是不一样的。每个人都要走自己的路。没有人能为其他人做出榜样和示范。总体理论只能起到让人关注和警醒的作用。

当我们追问，自省到底表现在哪些方面时，除了上述的内容恐怕也找不出更具体的答案了。如果我们不把它当作一个依靠理性的意志实现的目标，而仅仅看作内心思考带来的变化，我们可以用一些不太明确的、宽泛的概念来定义它：快速的启蒙和洞察力的培养——对人的爱。

对罪责的反省是对相关思想的反思。它不光靠头脑抽象的思考，还要有具体的行动。人们必须根据自身的特质去回忆、接纳和扬弃。完成的过程以及最终的结果就是自省。最终它将成为一种全新的东西。

自省也是政治自由的前提条件。当人们有了罪责意识后，才会产生团结和共同负责的意识，否则无法实现政治自由。

政治自由的起点是，一个民族中的大部分人认为个人对国家政治负有责任，他不光有个人好恶，还有主动参政的意识，他不会随意听信别人以恶意或者愚蠢虚构出来的建设"人间天堂"的政治信仰，他清楚地知道，在一个现实的世界里，政治家应该走一条有可行性的道路，以人性以及自由的理念为指导。

一言以蔽之，没有灵魂的自省，就没有政治的自由。

从我们对待外界道德攻击的反应，可以看出我们建立在罪责意识基础上的自省程度。

如果没有罪责意识，我们对外界的任何攻击都会立刻进行反击。可如果内心已经经历过深刻的震撼，外来的攻击只能触及我们的表面，也许我们会被刺痛和受伤，但它无法进入灵魂的深处。

有了负罪意识之后，我们能够平静地忍受错误的和不公正的指责，因为我们的骄傲和固执已经消融。

真正认识到罪责的人，他的自我意识已经转变了，他人的责备对他而言犹如儿戏，不再有任何杀伤力。负罪意识犹如无法摘除的芒刺，迫使一个人重新塑造自我。当他听到别人的指责时，只会忧虑地感到这些话不合实际，未能切中要害。

未经启蒙和灵魂的转化，我们将在无助的软弱中变得越来越敏感。心理反应的毒素会损毁我们的心灵。我们应该乐于倾听和审视别人的指责。我们应该接受而非回避外界的攻击，因为它能检验我们的心境，我们的思想状态由此得到验证。

自省让我们获得自由。事态的发展从来不由人的主观意志操控，即使人们有时貌似也主宰着自己的命运。因为不确定性始终存在，它可能带来新的更大的灾难，罪责意识推动的自我转化未必能带来幸运的酬劳，只有从自省中获得自由，我们才能做好准备，迎接未知的将来。

纯洁的灵魂能够真实地活在压力之下，即使陷于厄运，也在为了世界的希望不知疲倦地奔忙。

纵观世界历史，我们联想到耶利米的遭遇。当耶路撒冷遭到破坏，社稷倾颓，国土沦丧之际，耶利米被迫跟随最后一批犹太人流亡埃及，半途中众人祭祀伊西斯女神，指望她能带来比耶和华更多的帮助，目睹这一切，耶利米的弟子巴路克感到绝望，耶利米回答："耶和华说：我建造的，也能拆毁；我培植的，也能拔去。你还希求什么伟大之物呢？不要有任何祈求！"这段话什么意思？只要上帝在就够了。即使一切消失，只要上帝还在，就是唯一的支撑点。

但死亡之前的人生是如此真实，它往往构成误导，让人们在疲惫、焦躁和绝望之中过早地放弃。只有坚定地保持谨慎，有生之年不放弃任何机会，才能在生死关头拥有耶利米的态度。我们必须恭顺和克制。

1962年版《罪责论》后记

这原是一篇写于1945年的讲课稿，我在1946年1月和2月的大学课堂上宣读了讲稿，后来它又被正式出版。这篇文章让我们回想起那个特殊的年代，我们德国人每天面对着暴风骤雨般的指责。除非谈公事，美国士兵被禁止和德国人交谈。德国民众现在才完全了解纳粹德国的罪行，当时我对纳粹罪行的计划性和规模性也认识不足。那时大家都活得非常辛苦，不管是留守在家里的人，还是后来被送往各地的战俘们，或者被驱逐的人。老百姓束手无策，沉默无语，心中压抑着愤懑，在某个时间段里也许还显得麻木。许多人想从战胜国那里为自己捞点好处。有人抱怨悲叹，有人铤而走险。人们只能从家人和朋友身上得到些许温情。

我在这篇文章中表达了个人的思考成果：在承担业已明确的罪责的同时，德国人应该怎样维护自身的尊严？文章还提到了战胜国应该承担的罪责，提及这一点，不是为了帮德国人脱罪，而是为了维护真理，捍卫个人的合法权利，使德国人免受政治上的迫害。这篇文章能在盟军占领区公开出版，本身已经证明，同盟国政府从一开始就具备自由的精神。一位著名的美国人曾经对我说，我的文章不仅适合德国人看，也适合让同盟国的国民看。我曾经努力帮助德国人找回自我，让他们能重新呼吸清新的空气。这篇文章也有助于德国人和战胜国的人民重新建立起友谊的纽带。

虽然那时资料匮乏，但愿意了解真相的人都很清楚纳粹政权的基本特征：狡猾的策略，彻头彻尾的谎言，罪恶的企图。重获新生的德国人想要一个全新的开始。以今天的眼光看，我书中的论述大体是正确的，只有一处例外，那就是在看待当时刚建立的纽伦堡法庭的问题上，我犯了一个关键性的错误。

盎格鲁-撒克逊人的理念是伟大的。那时我们已隐约看见，改变人类世界的某种东西似乎在未来闪烁着微光——世界各大强国团结起来，对罪名确凿的战争罪行施以严惩，从而确立了国际公理，创造了新的世界格局。从此之后，任何政治家、军队将领和官员都不得以国家利益或者命令为借口。所有的国家行为都必须通过有人道主义精神的个人——可能是领导人和各级官员——来完成。国家元首的职权归于国家，其本身仅是一个神圣而非凡的象征。现在每个人都必须为自己的行为承担责任。国家犯罪由某些特定的人承担罪责。命令和服从包含着必要性和荣誉感，但服从命令的人不能在明知它是犯罪的情况下执行命令。国家层面的政治誓言有一个必不可少的特征，那就是它必须以宪法为基础，或者针对某个有自身的目标和理念并已向公众宣布的团体，不能把政治和军事机构的某些人作为效忠对象。个人的责任永远不会终结。虽然世界上存在激烈的冲突，但犯罪事实是很容易辨明的。当我看到犯罪的可能性和犯罪开始的迹象，犯罪事实上已经开始了。当人们在某个地方听到这样的呼喊声："德国觉醒，犹大去死！""现在要有人头落地！"当希特勒向波滕帕谋杀案①的凶手发出贺电时，即使犯罪尚未成为事实，公众尚未参与进来，人们的良心就应该发出警告了。按照新的理念，凡下命令或者执行命令造成犯罪的人，都应该受到国际社会的审判。以这样的威慑手段维护和平，人类以通俗易懂的道德为纽带团结起来。如此人类才不会再重复我们的遭遇：在自己的国家里被剥夺尊严，失去人权，被驱逐和谋杀，却无法得到国际社会的保护。自由国家竞相讨好希特勒却背叛了德国人民，自由国家的公民成群结队地来到柏林参加奥运会，各国在经济会议和文化活动中接待纳粹德国

---

① 波滕帕谋杀案（Potempa-Mörder）：1932年8月10日凌晨，德国上西里西亚地区的波滕帕村发生了一起血腥的杀人案。一伙冲锋队（SA）成员闯入当地一位共产党员的家中，当着他母亲和兄弟的面把他活活打死。这起案件发生在1932年7月德国国会选举之后，各方政治势力正处于激烈的角逐中，德国陷入近乎内战的混乱局面，当时执政的巴本政府将波滕帕案的几名凶犯判处死刑，纳粹党及其党魁希特勒却公开宣布支持凶手。

认可的人,而拒绝接待受纳粹德国排斥的人——这样的历史才不会再重复。在德国发生的一切不会再次出现:当1933年尤其1934年德国发生大量暴行后,其他自由的欧洲国家没有团结起来,使用和平的武器进行对抗,反而以"不干涉内部事务"为借口百般容忍。当一个文化、传统和生活方式与其他欧洲邻国相差无几的国家陷入极权主义的灾难——即使有咎由自取的成分,欧洲诸国不应坐视不理,任其国民落入恐怖主义的暴君手中,它们应该伸出援手,就像邻国遇到自然灾害时一样。

新的时代开始了。法庭已经成立了,我们期待它的发展。人类永恒的愿望将要得到实现。也许这种想法是天真的,虽然我年龄不小了,对政治有相当的了解,但我仍寄予期待。现在我已经明白了当年我尚不清楚的东西,在此我更正从前的判断。

苏联也参与了法庭审判,也就是说,有一个审判者事实上并不承认纽伦堡审判的立法精神。法庭的调查不是针对某个国家某个地区的已知罪行,而是针对被告人的具体行为。法庭上的起诉不包括"不知犯罪主体的罪行",这个规定并不会引起麻烦。法庭的审判对象局限于战俘。西方国家在战争中没有军事目的的破坏行为也没有受到法庭的调查。

1945年我曾经思考过一个问题,但没有表达出来。虽然德累斯顿和维尔茨堡遭受了相当过分的破坏,我仍对自己说，战争双方的行为不可同日而语。全心全意为纳粹国家卖命的民众不要指望得到仁慈的对待。当年，来自被压迫民族的数以百万的奴工被运送到德国；把犹太人送往集中营毒气室的火车每天都在运行；西线战役打响后，鹿特丹的市中心遭到损毁；考文垂遭受毁灭式轰炸，按照元首的话，"我要彻底摧毁他们的城市"；全世界受到占领了欧洲大部分地区的恐怖政权的威胁。面对上述种种肆无忌惮的暴行，盟军的基层机构很难保持分寸。执行机构——也许在未经本国政府许可的情况下——有计划地实施了没有军事必要性的行动，对德国民众进行恐怖打击，以报复德国政府的暴行，这并非来自自由国家高层的授意。如果此类罪行也能得到审判，它将作为伟大的事件载入史册，纽伦堡审判的历史意义也将随之改变。从前我就应该表明我的这一看法。

在英美的法治思想指导下，起初纽伦堡审判的程序是令人信服的。对被告人的第一场庭审是无懈可击的（我不想谈论剩余的几场庭审）。法庭想要找出真相、伸张正义，犯罪行为有明确的司法定义。法庭只对犯罪行为——而非遭人唾弃的道德行为——做出审判。因此沙赫特（Schacht）、巴本（Papen）和弗里奇（Fritsche）被无罪释放，虽然法庭也宣读了对其行为的道德审判的判词。有意思的是，来自苏联的法官提出了异议，他反对无罪释放的判决。他低劣的法律意识使他无法区分司法和道德的区别。这位法官只是作为胜利者进行审判,而其他国家试图限制战胜国的权力并付诸行动。

但是希望落空了。像从前一样,伟大的理念仅止于理念,而没有成为现实。纽伦堡审判并未通过国际法建立一个全新的世界格局。

由于纽伦堡审判没有遵守它的承诺,带来了负面的影响。我曾经写道:"……那么纽伦堡审判将不是一次赐福,而是引发灾难的一个要素。这场审判是不是一场装模作样的虚假审判,世人自会做出判断。后一种可能性不应该成真。"现在我不能收回当时的判断,虽然纽伦堡不是装模作样的表演,它在法律形式上无懈可击,但它仍是一场虚假的审判。它事实上是战胜国对战败国的审判,它不是建立在各战胜国共同的法权状态和法律意志基础之上。因此它走向了自身意愿的反面。法制没有建立起来,反而增长了人们对法制的怀疑。对于伟大事业的怀疑是令人沮丧的。

我们坚持伟大的理想,但不能脱离过去的经验。当今世界,缺乏法治精神的政权正在日益强大。世界还远未像纽伦堡法庭设立之初所期望的那样获得安宁。世界的安宁有一个前提,它依靠法律的保障,需要甘愿屈居法律之下的世界大国倾力维护。它不会从寻求安全和消除恐惧的动机中自动产生。只有通过不懈的勇敢行动,保持对自由的向往,人们才能不断重建世界的安定。世界的长治久安必须以有身份和尊严的精神道德生活为前提。这是它的基础,也是意义所在。

德国联邦议院关于纳粹德国大屠杀罪行追诉时效的辩论

(1965 年 3 月 10 日和 25 日)

1965年3月10日和25日,德国联邦议院①以极为罕见的,甚至可以说前所未有的方式进行了一场大辩论。议员们把它看作一件关系到整体道德和政治的大事。联邦德国和它肩负的使命成为被质疑的话题,很多议员谈了自己的认识。

各党派的议员们都意识到,这场大辩论远远超越了追诉时效期的问题,它还关乎德国立国的政治根基,"它关系到我们是否能保住新的德国,是否有可能继续维护自由。也许我们会做出相反的选择"。[梅茨格(Metzger),SPD②]

这场大辩论以及从辩论中产生的决议所包涵的意义应该体现在如何引导民意方面。"如果议会只将注意力放在赞成

---

① 德国联邦议会(Parlament)由联邦议院(Bundestag)和联邦参议院(Bundesrat)组成,两院共同组成德国的立法机构。
② SPD即德国社会民主党(Sozialdemokratische Partei Deutschlands),简称社民党。

或者反对某些提案条款上,它将错失一次引导德国社会舆论的良机。"[巴泽尔(Barzel),CDU①]社民党的一个议员(梅茨格)也提出了相似的看法:"议会应该在这个问题上更好地扮演政治引导者的角色。这是德国联邦议会应尽的责任——我认为今天是一个特殊的日子——在如此重要的政治和道德问题上指明方向,并且努力说服本国民众。"

果真是这样吗?非同寻常的会场气氛已经说明了问题。议员们以超越了党派之争的姿态互相称赞,近乎强迫症式地寻求着共识。人们赞美对方表现出的团结精神。期间也出现了一些不和谐的场景:一位议员的演讲引起了尴尬的沉默,遭到了其他人的诋毁;赞成"保持追诉时效期限不变"的群体不想融入团结的集体,以咄咄逼人的态度坚持自己的立场。

到底发生了什么事?这场辩论被议员们看作一个重大的历史事件,在辩论的过程中,联邦议院有意识地展示了自己的形象。但不久之后,整件事似乎已被人遗忘了。难道德国老百姓对它一点不感兴趣?它有任何长远的影响吗?我没看出来,似乎事情已经过去了。

难道根本没有什么要紧的事情发生?或者这件事另有独

---

① CDU 即德国基督教民主联盟(Christlich Demokratische Union Deutschlands),简称基民盟。

特的意义,它以象征主义的方式揭露了德国政府的现状。它揭示出目前联邦议会和联邦政府的实质和行为方式,如果真有什么东西不对劲、不真实和不靠谱,我们至少要弄清楚它是什么。我们能幡然醒悟吗?还是拭目以待吧。

I 整体现状

1 真实状况

一、许多案犯的姓名和相关文件已经被找到。未来数年,我们将面对多到难以估量的案件。目前困难很大:首先,距离罪行发生已经过去了很多年,案犯和证人的记忆有限且缺乏可信度——最重要的是,此类罪行难以在刑法中找到明确的罪名。即使针对未知罪行的追诉时效生效,我们面临的困难也一点不会减少。它产生的影响有限,只关系到未来案件的增量[布赫尔(Bucher), FDP①]。案件本身不会有任何变化。"我们不要幻想承认追诉时效期能让我们获得安宁。" [弗里登斯堡(Friedensburg), CDU]

二、目前尚不知道,到底有多少不知姓名的案犯。人们对"未知人数"有不同的估计,估测出来的数字非常高。无论如何,目前已经找到的和追诉时效终止的罪犯只占其中一小部分。因此整件事在现实层面上并无多大意义。

三、东德扣留了部分资料。追诉时效期过了之后,无疑

---

① FDP 即德国自由民主党(Freie Demokratische Partei),简称自民党。

这些资料会逐渐被披露。涉案人员可以安心了,他们可以昂着头四处走动,大大方方地和人交往。"你们真的以为,这些有把握自己不会受到刑事起诉的人会保持低调和有分寸的处世态度?"(弗里登斯堡)作为一个国家,联邦德国将陷入最尴尬的境地。

四、世界舆论认为,追诉时效对这些恐怖的罪行不适用。驻美国华盛顿的德国大使克纳普施坦因(Knappstein)"曾在多份语气越来越急迫的电报中警告外交部,在追诉时效问题上谨慎行事"(《明镜》周刊,1965年3月10日)。这些表态虽然在一定程度上影响到了联邦议会的议员们,但最终他们仍然决定不予理会。正如他们所言,不想"让德国的政治行动受到世界舆论的压力和机会主义的干扰"。"迄今为止,我们在这个问题上一直承受着压力,压力并非来自于国外,而是源于我们自身的信念。"[本达(Benda),CDU] 但是阿恩特(Arndt, SPD)早先却说过:"我们的国际声誉面临着威胁。"(《明镜》周刊,1965年3月10日,第44页)

议会辩论围绕着以上四点。按照我的看法,还有没被明确提出来的第五点。它只出现在私下里的谈话中,德国司法界的一位人士提出,正常情况下的追诉时效期现在已经到期,如果追诉时效期遽然被废止,难免社会上人心浮动。担任公职和身居高位的德国人当中,有多少人将会卷入此类诉讼案，目前尚不可知。具体人数也属于一个"未知数"。目前他们和他们的亲友们还生活在惶恐中。即使他们最终被无罪释放，他们也会因自身的黑历史身败名裂。对于他们来说，法庭的调查就是危险的，他们可能因此丢了工作。如果追诉时效期的原来期限不变，他们就无需再担惊受怕了。即使他们以后被曝光和受到影响，也不会再受到专门的调查。

许多与案件无涉的德国人也有类似的想法。他们希望新的国家太平无事。他们不想活得太紧张，也不想再回忆往事。他们在内心深处从未做好直面自我的准备，只想舒舒服服地过日子。对于他们来说，"德国的立国根基有不正常的地方"是一种怪异的想法，是那些想颠覆国家的批评者才会有的负面思想。

2 提案和决议

这场辩论源于议员本达和社会民主党共同起草的提案。本达提案经过了大量的修改，最终提交表决的版本提出，要求把可能面临终身囚禁制裁的犯罪行为的追诉时效期从二十年延长至三十年。

值得注意的是，在最后的时刻，联邦议院召开会议的前夜，该提案的内容又发生了变化，改称针对此类罪行根本就不应该存在追诉时效期。"追诉时效期不适用此类严重到要判处终身监禁的罪行。"本达议员没有说明为何他在最后时刻对该提案做出了至关重要的修改，他也没有向法律事务委员会做出任何解释就又放弃了（在法律事务委员会没有多数票通过的情况下）。议员希尔施（Hirsch, SPD）原则上对提案的修改予以大力支持："对那些原本该判死刑的重大罪行，不存在所谓追诉时效。"

他们二人的发言都没有专门针对纳粹屠杀，只是针对谋杀罪的笼统说明。那么，看似只是关于司法量刑的简单问题，怎么会显得如此重要，以至于牵动了大家激动的神经？

希尔施议员的话，从字面上也许无法揭示众人的想法，却很能反映他们做出这个非同寻常的决定后的集体心理。希尔施议员说："我们对提案做出的修改，是在以明确、庄严和无可置疑的方式确认一个原则，即在废除死刑的基础上，追诉时效期不再适用犯下谋杀罪的人，这一决定既维护了议院的尊严，也印证了该问题的严肃性。"

社会民主党议会党团的草案提出："谋杀罪和种族屠杀罪不受追诉时效的限制。"但社会民主党党团没有坚持自己的立场，社会民主党的议员们对另一个方案投了赞成票。

经过第一次会议的讨论之后，本达提案被移交到法律事务委员会。本达议员对法律事务委员会表示，他随时准备对修改过的提案做进一步的修改（延长追诉时效期，而非取消追诉时效），他还会继续努力。法律事务委员会并没有延长追诉时效期，而是改变了追诉时效期的计算方式："1945年5月8日至1949年12月31日不计入追诉时效期。"这样一来问题迎刃而解，今年5月8日追诉时效期还没有届满，四年之后才到期，现在也就无须考虑追诉时效期的问题。不管出于何种原因，只要5月8日追诉时效没有到期，根本目的似乎就已经达到了。但人们不会公开承认这一点。提案屡次被修改，成果越来越缩水，他们不断地为此寻找理由：我们应该和必须在这个问题上达成共识（通过争取尽可能多的赞成票做出决议）。

现在令人惊讶的是，委员会还提交了另一个与追诉时效期完全无关的新提案：对纳粹刑事诉讼案——包括正在审理中的大量刑事案，应该采取"宽松的尺度"。除非有"重大犯罪嫌疑"，否则只有在高等司法机构做出决定的情况下，才会发起调查和审讯。如果建议成真，它将对纳粹罪行的调查取证工作构成阻碍，并在事实上压制未来将发起的大量刑事诉讼，这远比"是否取消追诉时效期"严重得多。该提案已经被发回法律事务委员会，但是法律事务委员会和联邦议会尚未做出最终的决定。

可以说，取消或延长追诉时效期的提案已经把目标降低到了一个底线，那就是追诉时效期绝不能在1965年5月8日终止，绝不能惹恼全世界。但这个目标，并非通过一个坚持原则的决议，而是通过耍花招实现的，即把追诉时效期向后推。同时又提出了一个最大限度有利于犯罪分子的提案——大范围停止犯罪调查。

追诉时效期在1965年终止,抑或被推迟到1969年,其实无关紧要,因为这一决定并未反映出原则性的政治立场,因此公众也以无所谓的态度看待它。

3 政府和联邦议会的角色

按照议会发言者们的说法,这个问题至关重要,关系到国家的根基,可我们的政府没有做出任何表态。德国总理虽然出席会议,却始终一言不发。各位部长也保持沉默,只有司法部长布赫尔发了言,但他只代表自己的党派(自由民主党),并非以内阁代表的身份,他的发言有条有理,虽有点教条主义但还算深刻,即便如此。维尔梅林(Würmeling, CDU)议员依旧对他嚷道:"拿出点水平吧,部长先生!"

人们期望,在这个事关立国之本的重大问题上,德高望重的政治家们能站出来说话。它不是一个只牵涉到某个政府职能的问题,但他们宁愿把二流政客们推出来,去应付这件烦心事。迄今为止出过声的政治家中,只有埃勒尔(Erler, SPD)和巴泽尔算得上顶尖的政治家,其余全是二流政治圈里的人。具有影响力的大人物们——阿登纳(Adenauer)、艾哈德(Erhard)、勃兰特(Brandt)、施特劳斯（Strauß）、魏纳（Wehner）、门德（Mende）……还有诸位部长，甚至如卡洛·施密德（Carlo Schmid）那样在精神思想领域从不缺席的一些人，统统默不作声。

为什么？因为这个话题让所有人陷入尴尬。政治精英们意识到，不管他们发表什么意见，都会塑造出负面形象。他们说的话可能被迅速打上各种标签。他们中的很多人列席了会议，但他们宁愿置身事外。我们注意到（希望我没有记错），布赫尔部长曾经希望，最好不要让这个话题进入议会的议事日程。原本是净化整个民族政治心态的一次机遇，人们却想悄无声息地暗中解决掉它。

值得关注的是，在议会辩论中出现了一位新人——新生代的议员本达，他一下子赢得了全体议员的心。他提交了一份起到关键作用的提案，向束手无策的人指明道路。他的语言清晰而文雅，在辩论中表现得机敏过人，措辞简练，态度随和，但在某个关键点上——大家心里其实都认同的底线——毫不退缩，那就是追诉时效期绝不可以在1965年5月8日终止。为了实现这个目的，他呼吁诸位议员超越党派之争，团结合作，共同努力做出一个势在必行的决议。

整件事显得非常荒诞。在这个被认为事关重大的问题上，德国政府居然没有提出任何建议。只有布赫尔部长以个人身份、同时也代表本部门发表了意见，但没有给出任何解决方案，他建议一切维持原状。联邦政府原该通过总理制订政策方针，现在却无所作为，它放弃了领导者的职责。内阁没有做出任何决议。总理原本应该出来表态，反对司法部长的立场，并且支持延长追诉时效期，但是他什么都没说。

人们或许认为，当一个政府提不出任何建议并且无法履行领导职责时，议会理应废黜它并推举一些更好的领导者取而代之。可似乎没人这么想。一个政府无力管理国家，似乎被看成正常情况。人们只用一些轻微的暗示表达不满。比如埃勒尔说："不管怎样，鉴于本次辩论对我们民族以及国际环境的影响，我希望总理先生能站出来说话，表现得更加强势一点。"

德国政府在最终发表的报告（该报告还没送交议会）中阐明，它将"在遵循法治基本原则的基础上，支持联邦议院并支持它的努力，尽可能创造维护正义的条件"（巴泽尔的报告）。

一些议员连所谓的支持都没有看到。他们质问，政府的支持体现在哪里？弗里登斯堡说："部长先生，你们亏欠我们'支持'。我们只看到了，你们怎样处心积虑地反对延长追诉时效期，却从未看到你们对我们工作上的支持，你们也从未努力地去解决这个棘手的问题，我很遗憾，主管此事的政府部门的部长偏偏不想履行政府的承诺。"

他还再次质疑："哪方面的支持？……联邦政府应该有一些提供支持的具体方案。"司法部长回应说："在委员会

罪责论 | 111

的协商过程中,联邦政府可以有机会表达自己的观点,促进和支持讨论。"这位司法部长仅表达了个人的观点,而不是以政府的名义发言。

联邦政府把责任推给了议会,议会必须自己提出建议并且做出决议。一切都是议会的事,与政府无关。但议会已经通过选举总理的方式选出了政府,议会本身没有管理的职能,现在政府却让议会陷入越俎代庖的境地。

议会是人民的代表。议员们此次的发言显示出高度的自我意识。议会的尊严在于它反映了人民的意愿。在正常的情况下,作为从民间来的政治精英,议员们应该通过自己的思想和言行,让议会起到榜样和引导的作用。

议会是否起到了应有的作用?这也尚待考察。现在出现一个问题:政府和议会,双方是否都在推卸责任,没有哪一方敢出来担责?大家都在回避,最终做出的决议毫无价值(如此重大的问题,提出的解决之道却如此渺小),民众无法得到真正的答案,反而看到了一个逃避责任的范例。

II 我们做出分析和评判的前提条件

开宗明义，首先阐明我们的基本观点，它是我们后文做出评判的重要标准：第一，这里涉及新型的犯罪；第二，它是一个政治行为，关系到如何建设新的国家。议员们的发言已经指出了上述两点。

1 全新的犯罪类型

部分犯罪行为可以根据刑法进行判决，过去和现在没有什么区别（虽然这在纳粹时代实际不会发生）。这些罪行发生在大屠杀的过程中——不一定是直接屠杀，通常由多个案犯共同实施。对这些罪行的定罪基本没有法律上的问题。但国家组织的系统性大屠杀却有所不同，从思想和动机角度分析，它们属于只有在特殊情况下（指在罪恶国家里）才会发生的新型犯罪。它们既不会发生在今天的联邦德国，也不会发生在任何其他法治国家。特殊情况下发生的罪行，只适用特殊的法律。它的性质不同于被法治国家拒绝的特别法，它是一种专门认证的特别法，只在下述情况才会出现：一个经过重建的正常法治国家，对过去在被推翻的罪恶国家里产生的犯罪分子进行审判，而现实中已经没有产生此类罪犯的土壤。

1961年，艾希曼审判在耶路撒冷开庭，开庭之前我在一次采访中说："没有人否认艾希曼有罪。但他的罪行有特殊之处，在任何刑法典中找不到罪名。他的罪行源自国家的'政治'意志。"但犯罪分子毕竟是个体的人，作为人，他们是有罪的，他们犯下的不是思想上的罪，而是因追随反人类的思想理念犯下的罪行受到刑事审判。这种理念是前所未有的，必须阐明其特殊性。

在那次采访中我还提到："在我和汉娜·阿伦特的一次交谈中，她曾经把'违反人道罪'和'反人类罪'区分开来。"（"反人类罪"的表现是）某一群人提出要求，根据无法改变的特征判定另一群人不配活着，因此必须予以"灭绝"。通过大屠杀进行种族灭绝，只有国家通过暴力手段才有可能实现。反人类罪是指以人类标准评判的威胁到人类及其生存权的行为。

它不是思想罪，这种理念不可仅仅被视作人类头脑中可能出现的某种思想。当人们与某种思想理念进行斗争时，只能以思想为武器。但如果谁把理念付诸行动，他就必须受到现实中的惩罚。

它也不是战争罪，它并非指发生在与全副武装的敌人的战斗过程中或者针对战败者的不人道行为。因为被灭绝的对象是手无寸铁的犹太人，他们没有军队，也不是战场上的敌人。否认这一点的人不是蠢就是坏。

任何一种思想理念或者任何一个国家都不是刑事审判的对象。但作为个体的人，如果他遵循某种新兴的思想理念做出违法犯罪的行为，就应该受到刑事审判。在此之前，（鼓励犯罪的）罪恶国家应该已经被消灭，这样审判和惩罚才会成为可能。

此类罪行的审判者应该是全体人类，只要他们拥有具备执法能力的司法机构。在一个国家，当一个人被谋杀，所有人的利益都会受到伤害，因为当谋杀的行为发生时，所有人都受到了生命威胁，长此以往国家也将不复存在。那么针对一群人——犹太人——的谋杀损害到了全人类。在目前的情况下，自由世界的法治国家作为人类的法律代表，通过法庭进行审判。

在奥斯威辛审判过程中，公众的注意力集中在看守们的变态嗜血上，集中营的犯人——其中有男有女有老有少——如何被残忍虐待，直至被杀害。他们的罪行能在德国刑法典中找到相应的罪名。但被公众忽略的，却是最本质的东西。因为它没有掺杂施虐狂的特征，只是纯粹想要灭绝某个族群的意愿，它是一种全新的巨大的威胁，是未来世界暴风雨来临前天边的阴霾。

把种族屠杀变成实际行动的人，将成为人类公敌，他自已也不配活着。从原则上说,基于历史的经验,废除死刑有其积极意义,但针对某些有意对特定族群实施的种族屠杀罪行,死刑依旧有存在的价值。

由此推论,如果目前的刑法不足以提供定罪的罪名,这些罪行就能逃脱法网吗?绝不,恰恰相反,正是由于正常法治国家的刑法典没有涉及上述新型犯罪,我们才有必要扩展刑法的适用范围。刑法的扩展部分将针对未来或者过去的罪恶国家,通过新的法律震慑未来的罪犯,并追究以往的罪行。只有在一个法治国家清算罪恶国家的罪行时,上述法律才会发生效力。

如果没有特殊的法律,国家只能把自身无力完成的任务交托给法官们。法官们必须灵活地应用法律,他们在审判时不能一味参照刑法,而应该援引德国基本法第 25 条有关国际法的条款:"国际法的一般规则构成联邦法的组成部分。它们优先于各项法律并对联邦领土内的居民直接产生权利和义务。"下面做进一步的说明:

1950 年 11 月 4 日,欧洲理事会成员国政府在罗马签署《保护人权与基本自由公约》(简称《罗马公约》)。德国联邦议院批准了公约,《罗马公约》于 1952 年 8 月 7 日正式生效。公约第 7 条规定:

> 1. 任何人的作为或者不作为,在其发生时根据本

国的国内法或者国际法不构成刑事犯罪的，不得认为其犯有任何罪行。所用刑罚不得重于犯罪时适用的刑罚。

2. 本条不得妨碍对任何人的作为或者不作为进行审判或者予以惩罚，如果该作为或者不作为在其发生时根据文明国家承认的一般法律原则为刑事犯罪行为。

根据这个条款，在本国刑法中没有明确定义的罪行，可以根据当时文明国家承认的一般法律原则予以惩罚。也就是说，虽然对这些罪行的定罪和刑罚还没有编入刑法典，但是已经存在于一般法律原则之中，我们今天可以以此作为审判和惩罚的依据。我们也可以把它们加入联邦法律，无须有法律追溯力方面的后顾之忧（法无明文规定不为罪）。

与此相反，《联邦基本法》第103条第2款规定："一个行为只有当它的可罚性在行为实施之前就已经为法律所规定时才能被惩罚。"

在缺乏刑法支持的条件下，实施刑罚的法律依据有：

1.《罗马公约》否认刑法对反人类罪的追溯力，它早就存在，无须写入刑法典。

2. 即使没有《罗马公约》，《德意志联邦共和国基本法》第25条的规定也足够了："国际法的一般规则构成联邦法的组成部分。它们优先于各项法律并对联邦领土内的居民直接产生权利和义务。"

这条法律以及《罗马公约》给了司法操作的空间,从早就存在的法律观点出发,正确地认识、定义和惩处这种新型犯罪。

让目前的刑法适用于新型犯罪的尝试是徒劳的。对于普通的谋杀罪来说,德国《刑法典》第211条"杀人嗜好、为了满足性欲、贪财、其他卑劣动机,实施残暴阴险的杀人"已经够用了。耶格尔(Jaeger, CSU[①])援引该条法律并且评论说:"这是最恶劣的犯罪。"他还补充了关键性的一句话:"也许还不止于此,女士们先生们,不光从人数上来说,甚至从性质上来说,它更加恶劣。它是大规模的屠杀,有计划的大屠杀。"但《刑法典》却并不包含这类罪行。只有在罪恶国家出现的前提下,这些另类的罪犯才会被赋予特殊的犯罪动机,犯下《刑法典》中未包含的罪行,他们并非在"杀人嗜好或者其他动机"的驱使下谋划和实施大规模的屠杀。

此类犯罪行为无法用现有的《刑法典》量刑定罪,它们只在特殊的历史条件下出现,受到罪恶国家驱使,只有彻底

---

① CSU即巴伐利亚基督教社会联盟(Christlich-Soziale Union in Bayern e. V.),简称基社盟。

与过去的罪恶国家划清界限，才会获得正确的认知。唯其如此，我们才会意识到颁布新刑法的必要性，这部新刑法专门针对在正常的法治国家里根本不可能出现的犯罪行为，针对那些曾在旧政权统治时期犯下罪行的人，虽然涉案人数众多，罪行累累，却属于特殊的社会现象，而非社会常态。

划清界限意味着，我们认识到，这类谋杀行为不符合谋杀的普通定义，它是经过培训的谋杀。在某个历史时期，特殊的社会状态成为一种社会常态，正如罪恶国家在历史长河中的昙花一现。在一个罪恶国家中，人们的行为不能以法治国家的正常标准来衡量。此类谋杀行为的追诉时效期是否应取消，其内涵也完全不同于普通的刑事犯罪，因为它牵涉到了反人类罪。

怎样彻底划清界限：颁布一部包涵新型犯罪的新刑法典，区分各种类型的新型犯罪。

这样一来行政管理者犯下的屠杀罪就很容易被界定，即使他们执行命令时没有特殊的残暴行为。他们不折不扣执行命令的行为本身才是值得关注的。荒谬的是，即便不追究参与屠杀的罪行，依照当时的德国刑法，他们的所作所为依旧足以被定罪。然而，元首的命令凌驾于当时的法律之上。

以下行为属于实施屠杀罪的范畴：（大屠杀的）计划和组织；驱逐；建造相关建筑物、毒气室、火葬场等；把囚徒押解到刑场和毒气室；枪毙囚徒；释放毒气；办公室里的案头工作，从签署屠杀令的人到记录屠杀令的女秘书。没有人想判处女秘书死刑，但是她们也是知情者，她们可以拒绝这份工作，然后接受轻微的处罚。除了因死亡而幸免被捕的元凶之外，所有参与和实施者的犯罪行为都必要按照性质和严重程度区别处理，无人可以例外，通过这种方式，我们才能对大量的犯罪行为有真正的认识并给予惩处，同时为未来同样类型的犯罪行为树立惩戒的标准，警示后来者。

了解和认识上述罪行的残暴之处，是每个德国公民的责任。但令人难以忍受的是，人们总是惊讶地发现，涉案者不仅参与了罪恶国家的罪行（反人类罪），还表现出自身极端的残暴，后一点也可归入新型犯罪的特征。

德国已经多次进行过对纳粹分子的刑事审判。为什么人们仍旧不满意？因为被指控对象的随意性（被告往往是基层人员，而非筹划和实施大屠杀的主要负责人，艾希曼是个例外，但他不是在德国受审的），因为不公平的判决和令人吃惊的无罪宣判，一言蔽之——因为案件审理总体上的不透明。法官和公众显得茫然无措。当人们提出颁布新的法律，把以前用政治方法处理的问题通过法律手段彻底解决掉的要求时，德国法律的矛盾和不彻底就暴露出来了。司法部长希望法官们凭良心办事（梅茨格），他的希望让在一个运转不畅的司法体系中执法的法官们感到尴尬和无措。

议会辩论多次涉及这个话题。希尔施谈到慕尼黑法院对护士的指控时说:"我感到惊奇,为什么只指控护士,却没有控告总检察长和地区高等法院院长?在安乐死谋杀一事上,当时他们被征询过意见,他们并没有反对,在我看来,他们放任不理的态度等同于谋杀的帮凶。"由此他产生了怀疑,"我们绞死小人物,而放跑了大人物"。

问题在于,我们要颁布一部针对新情况的新法律,针对以国家名义搞大屠杀的新型犯罪行为,每个参与者——不管以哪种方式、哪种程度参与——均不能以"国家主权行为"、"必须执行命令"等为理由,除非拒绝执行命令必然导致被杀(例如集中营的囚徒——不管犹太人还是外国人——被迫执行命令)。"必须执行命令"的情况并不存在,人之所以为人,必须为自己的行为承担责任。但议会辩论从未涉及颁布新法律的必要性,相反埃勒尔议员还认为我们的法律没有任何毛病,唯一的问题是尚未揭露的罪行,"其他问题并非不存在,但它们都能通过法律完美的解决,只有人性的不完美、时间的流逝和诸如此类的状况……才会对司法公正造成妨碍"。

在奥斯威辛审判(以及类似的审判)中,辩护律师们发表了各自的观点,他们的意见值得重视,但据此得出的结论却令人无法苟同。

拉特泽(Laternser)博士说:"同盟国错过了在战后建立着眼未来的法律制度的机会,由此加剧了法律事务的混乱状态。人们必须忍受因法律上的原因而无法惩处某些犯罪行为，因为法典没有提供相应的定罪依据。"他告诉法官们，他们既无力创造历史也无法纠正过去，只能根据二十年后尚可确认的罪证，对某人和某个行为进行司法审判（《法兰克福汇报》，1965年7月16日）。在我看来，如果立法者不颁布新的法律，他的说法无疑就是对的。

议员居德（Güde，CDU）回忆起当年的同盟国时说："我们在调查和审讯纳粹罪行方面明显处于劣势，德国人从来没有掌握主动权，起初同盟国掌控着审讯……我们根本插不上手。1945年至1950年、1951年期间，他们审判了约5000人，其中1000人被判处死刑，有600人被处决——其余的人从1952年到1956年、1957年通过赦免被免除了死刑。所有这一切扭曲了迄今为止的现实状态，同盟国的深度介入影响到了法制原则的完善。"

那么是否能得出结论，现在我们就不能采取比当年更妥善、更明确、更有效的行动？为何我们不能以全新的国家意识为基础，设法建立一个健全的法制原则？我们应该完成当年未完成的工作。已经错过的事情，不应该永远错过。如果我们不把这个领域清扫干净，整个国家的面貌无法焕然一新。

但是，居德议员不但不想走这条路，反而倾向于赦免纳粹的罪行，虽然他没有明确表达出来。他充分利用同盟国在不平等的纳粹审判中表现出的不公，呼吁更加宽柔地处理纳粹罪行。他在一份赦免申请书中写道："如果他在被美国军事法庭判处死刑之后幸运地没有被处死，那么他获得自由已有十年了。类似的不幸事例并非少数，十年来主犯们依旧享受着自由，有的还身居高位（！），而三等或者五等从犯却被判处终身监禁。"

按照他的思路走下去，对罪行和罪人的区分将让所有小人物获得开脱的理由。居德议员有保留的声明听上去像内心经历了一番天人交战后的古怪结论："如果那些毒气室的发明者或者下屠杀令的人遭到调查……我当然赞成他们受到审判。"

另一位辩护律师［费尔提希（Fertig）］则论证说，联邦德国是德意志帝国的权力继承者，今天联邦德国享有的司法审判权与当年的德意志帝国并无二致，一个国家不能审判它在另一个历史阶段命令人们做的事情。此类审判应被视为"政治审判"。因此，在奥斯威辛审判过程中，法兰克福刑事陪审法院算不上"正当的审判机构"。

我认为这种想法称不上荒谬，但应该受到唾弃。仅指出一点就能予以驳斥：当年的纳粹德国是一个犯罪的国家，联邦德国并非纳粹德国的权力继承者，而是一个全新的国家，1933年之后在德国出现的所有法律和机构都在新的德国接受了彻底的调查和审核，并非被全盘地继承下来。新成立的国家也对1933年后所有的人事聘用、任命和委派重新进行了审查。

德勒（Dehler, FDP）的观点和论证方法显得很怪异，所以值得引用："现在我们想要制订一部具有追溯力的特殊法律，其理由是德国刑法的不完备，针对此类犯罪没有适用的法律条款，自1945年、1946年以来我们已经意识到了这一点，但我们并没有看到修改相关刑法的理由，说明该理由并不成立。"各位先生过去没有"看到修改刑法的任何理由"，只能证明他们缺乏洞察力。他们过去什么都没干，证明他们贻误了时机。现在他们应该培养洞察力，补上过去没干的工作。

2 新德国

自1945年后出现了一个问题：一个新的德国是否从政治家和公众的政治转型中诞生了？或者它在民众的心灵和头脑中只是一个无起源的缝合怪，自身没有任何新的政治理想？

不管当初还是现在和未来，德国人都必须认真思考这个事关重大的问题，并把思想成果落实到现实中。万幸的是，战后自由的西方需要利用我们去对付东方阵营，我们机灵地利用了这一形势，用聪明才智迅速地创造了"经济奇迹"，但这些不会帮助我们解决关键性的问题。相反我们倾向于搁置思考，忘记民族重建的任务，结果造成传统思想和情感的延续，形成各种庸俗思想的大杂烩，养成得过且过的生活态度。

这个关键问题决定了我们的未来。从1945年到今天，我们始终需要正确地认识它、清醒地感知它，而不能回避它。我们可以主动地把德国建设成一个自由的国度，让共同的政治理想成为连接个人的纽带；或者选择随波逐流地消极度日，让自己沦为无足轻重的傀儡。

做出抉择的关键在于，我们必须与第三帝国以及创造出第三帝国的一切事物彻底决裂。这里不允许有任何延续性，因为延续性意味着毒药还没失去毒性，未来将造成新的伤害。只有切断延续性，彻底决裂，才能奔向新的开始。我们需要建设一个对德国人来说全新的自由国度，必须转变政治理念以适应新的国家体制。但有一种相反的论调，认为那是不可能的，会造成德国人的自我撕裂，德国人将自暴自弃，没法再活下去。但是坚持错误的传统将会妨碍我们自身，妨碍我们走向通往真理和自由的新生活。

德国民众尚未形成明确的共识，去完成这个既伟大又艰巨、改变旧有一切的历史使命，但一些德国人和德国政治家已经谈到了它——通常以隐晦的方式。

耶格尔议员说："我们的民族创建了一个新的国家。德国人在诸如 7 月 20 日刺杀希特勒等一系列事件中表现出来的为自由赴汤蹈火的牺牲精神，构成了新德国立国的道德根基。"但我不认为他的话是真的。事实上联邦德国还没有获得立国的道德根基，而这正是我们应该创造的。沾沾自喜只会让我们错失良机。就政治内涵而言，7 月 20 日刺杀希特勒事件表现出来的牺牲精神并不足以构成新德国的道德根基，它的意义是暧昧不明的。至少可以确定，某些刺杀行动的参与者本身算得上英雄。（此外我们不要忘记一个具有象征意义的糟糕事实：7 月 20 日刺杀事件幸存者以及牺牲者的亲人们并没有得到善待，牺牲者的遗孀没有获得养老金，后来霍伊辛格将军 [Heusinger] 顶着军队里的巨大压力发布命令，才让他们的功勋得到了承认。由于联邦德国缺乏立国的道德根基，现在政治家们才想起久被遗忘的刺杀者们。）

我们无法在某一个事件或者一系列事件中找到德国的政治起源，这是我们的宿命。也许我们可以追溯一千多年来德意志民族争取自由的历史，那是一段邦国林立而又恢宏大气的历史。如果谁能把大家熟悉的零碎史实汇总成完整的历史，于国于民都将是一桩丰功伟绩。为自由斗争的某些历史篇章构建了荷兰和瑞士从建国到今天的历史，此外中世纪德国的城市自由也值得载入史册，历史上德国联邦议会中享有特权等级的代表，18 世纪和 19 世纪德国城市市政管理中的部分自由,还有被康德发展到巅峰状态的伟大的自由主义政治思想。

阿恩特议员提出了自由国家也许正受到威胁的论断,他认为:"联邦政府十年来不断在限制基本权利,因为基本权利被认为是危险的。十年来我在联邦立法院里不断和德国政府进行着斗争,德国政府一直在通过各职能部门竭力限制听证会、法官的权力以及结社自由和伦理自由。我的观点是,应该尽量发挥基本权利的作用,基本权利应该首先为自由背书,在法律框架内最大程度地实现自由,而非仅仅成为稳定大局的理论基础。"他的议论是其他政治家不敢言的,不啻为德国政坛的一场地震。

要建立全新的国家,以下几点是必须做到的:

个人内心的蜕变: 与道德和灵魂罪责(按一位议员的说法:历史性的罪责)相关的内心转化工作只能由个人单独完成,表面上是看不出来的,也无法提出硬性的要求,但能从后果中看出成效,它是公众意识得到新生的起点。

罪责的区分: 它牵涉到每一个人。从1933年起,当纳粹罪行发生时,所有袖手旁观、没有起来斗争并牺牲自己的人,所有没有及时认清状况并采取行动的德国人,都应该承担罪责。我在1946年发表了一篇反思罪责问题的文章,文中区分了法律罪责、政治罪责、道德罪责和灵魂罪责。法律罪责必须交由法庭定罪;道德罪责只能靠个人的反思;所有的公民都要承担一个国家的政治罪责,虽然没有集体的道德罪责,但是存在集体的政治责任;对灵魂罪责的反思,要追溯以历史形态呈现的永恒的生命之源,且找不到终极答案。

没有哪个德国人有资格在1945年沾沾自喜。没有一条绝对的界线,把好的德国人和坏的德国人区分开来。没有哪一部分德国人是"纯洁无瑕"的,有资格坐在法庭里审判另一部分德国人。人们还能做什么呢?道德罪责和灵魂罪责无法用司法部门的判决书裁定(当我们听到议员们发出"不要装无辜!"的呐喊时,内心会感到宽慰)。法律罪责只牵涉到一部分人,必须符合刑法的定罪标准。而政治责任涉及到了国家的每一个公民。

我们注意到,议员在辩论中无法就罪责问题进行系统性的阐述,只是随意地发表意见。

冯·梅尔卡茨(Merkatz, CDU)说:"所有德国人都有罪,不是法律意义的罪,而是——怎么说好呢——灵魂之罪,我们每个人都要承担责任。"

埃勒尔有不同的想法,他断然否认集体罪责:"但是老一辈的人应该承担责任,他们让事情发展到不可收拾的地步,当时有一些人进行了抵抗,但是不够坚决,没能阻止灾难,不光破坏魏玛共和国的极端分子有罪,那些没有拼尽全力抵抗极端势力以捍卫民主的人同样是有责任的。"最后埃勒尔还指出,当年容许魏玛共和国丧失国家底线的国际社会同样需要承担一些责任,说到此处台下响起了一阵掌声。

有人认为,经过战后很长的一段时间,纳粹在逃犯的人格很可能产生了巨大的变化,因此废止追诉时效是有道理的。针对上述观点,耶格尔认为:"罪犯的人格变化是靠洗心革面,而不是取决于时间。"他的论断不光可用在纳粹刑事犯身上,也同样适用于经历过纳粹时代的所有德国人。

法律罪责的补偿:人们必须认识到,只有在罪恶国家中才会出现这些独特的罪行。认清这一点,确认和揭发此类罪行以及集体屠杀罪,可能导致沉重的社会心理负担,但只有毫不避讳,我们才能奠定一个真实的社会基础。

Ⅲ 议院辩论的主题

此次议会辩论变成了一场纯粹的法学辩论会:"追诉时效"只被看作一个法律问题,而非政治问题。但是议员们也从不同角度拓展了讨论的广度,有人探讨德国人的罪责,有人追问德国存在的意义,个人的忏悔也成为话题。围绕着这个特殊的问题和时间点,辩论中不乏激动的情绪。

1 法律问题

布赫尔、德勒、布塞(Busse)(三个人皆属自由民主党)坚持认为法律高于一切,法律凌驾于政治之上。自由民主党议员都持同样意见,例如德勒说:"今天上午我的同事雅恩(Jahn, SPD)先生质疑:难道只能依靠法律来制裁这些可怕的东西吗?难道我们不能从政治的、道德的、政治/道德合一的层面做出决定吗?我认为,这个问题正好触及我们之间分歧的核心了。'只能依靠'法律?我的回答是,只能靠法律!法律是处理这个问题的至高准则。"

人们常说"法律建立在政治意志的基础之上",但与此针锋相对,还有一句老话"法律是政治的准绳"。两句话各有其意，一个代表了历史性的政治秩序的意志，另一个代表了理想化的社会形态。一个国家的法律体系诞生于正义和法制两大基石之上，法律本身并不是绝对的。

法治国家需要有保障法律得以执行的法律确定性。而法律意识需要有正义感，因此在某些时候可以对法律做出一些限制，尤其立法者可以对法律做出一些修改。让我们听听以下尖锐对立的意见。

在某种程度上，现实中的正义应在"法律确定性"原则面前让步。布塞不止一次质疑："延长追诉时效期是否有助于正义的伸张？"

耶格尔则提出相反意见："当正义和法律确定性相悖时，我宁愿选择正义；如果我们无法保证自己的国家以正义为立国之本，那还不如放弃建立法治国家的想法。"

埃勒尔表示赞同："法律应为正义服务，而不是成为违背正义的挡箭牌。"

本达说："如果应受惩处的谋杀罪行却无法受到法律的惩处，只能证明一个民族的法律意识已经堕落到了让人无法忍受的程度。"

布塞很生硬地表示，他完全无法理解本达的观念，"刑事审判的主要目的是查明真相"，惩罚是次要的，布塞认为那不是刑事审判的意义所在。本达直截了当地反驳说："请您注意我已阐明的主旨，我认为刑事审判的意义应得以延伸……对我来说，惩处凶手正是刑事审判的意义所在——也许不是最重要的，更重要的意义是揭示种种罪恶，这也是我们现在想做的。"然后布塞又进行了反驳，但他找不出什么论据，只是重申原有的观点："关于人世间的刑事审判的意义和目的，看来我们有着截然不同的看法。"

按布塞的逻辑，每个人都可以声称，自己只是表达了个人观点，每个观点都有存在的理由。他胡扯什么"人世间的刑事审判"，似乎暗示还有"超越人间的刑事审判"，但恰恰只有人间的刑事审判才能调查和揭示人间的罪恶，即便审判书无法送到在逃的罪犯手中。

修改追诉时效是否因法律追溯力的因素违反了法律？围绕这个问题的众说纷纭令人迷惑不解。德国大学的法学教授们大多否认它是违法的，一些专家还做过深入的研究。他们的观点在专业上是站得住脚的，当然所有科学论断都有一定的前提条件。但专家们的结论却丝毫没法说服那些可疑的法律至上主义者，人们忍不住要问，他们的葫芦里到底卖什么药呢？那些人慷慨陈词，好似国家法制正受到巨大威胁，法律意识正在沦丧，但当国家高层人士公然破坏法律的事件——诸如《明镜》周刊事件[①]——发生时，他们的表现又

---

① 《明镜》周刊事件（Spiegel-Affäre）：1962年，《明镜》周刊发表了一篇批评联邦德国国防军战备水平差的调查性报告，文中援引了北约秘密（转下页）

如何呢？与现实对照，他们在追诉时效问题上爆发出的护法激情给人一种无法置信的荒谬感。

2 历史意识

一部分议员明白，单凭理智的论证是无法解决这个问题的，它牵涉到历史的延续和断层。

阿恩特说："年轻人应该被告知，一个民族不只存在于当下，它具有世代的传承。一个人不能推说，从前我还没出生，陈年往事与我无关。"

耶格尔认为："也许问题的根源在于，我们无法明确地告诉年轻人，德国历史是如何发展到 1933 年 1 月 30 日这一天的，可能我们自己也没弄明白……一个有文化的民族是如何落入犯罪者手中的（这个民族还向犯罪者欢呼致意）……无人能摆脱历史的负担，我们也无法从希特勒充满诅咒的遗产中解脱出来。""正如我们的立法者无法回避历史的负担，我们的法律也同样如此。"

埃勒尔说："除了每个国家都要面临的法律和正义之

（接上页）文件的内容。该文引发阿登纳政府的震怒，《明镜》编辑部突然遭到搜查，《明镜》周刊总编辑兼发行人鲁道夫·奥格施泰因（Rudolf Augstein）以涉嫌叛国的罪名被逮捕。德国广大民众积极声援《明镜》周刊并谴责政府的这一行动，最终法院撤销了对《明镜》周刊的指控，国防部长施特劳斯被迫辞职。该事件是德国战后社会争取新闻自由的核心事件之一。

争,我们还要直面本民族历史上最可怕的一页。当我们读到有关奥斯威辛和特雷布林卡灭绝营的历史资料时,谁没有血液仿佛在血管中凝结了的感觉?"

本达希望人们不要忘记过去。当他发表让整个议会为之倾倒的首次演讲时,在结尾处引用了18世纪一位犹太神秘主义者的箴言:"遗忘的渴望偏偏延长了内心的流亡,灵魂解脱的秘密在于对往事的追忆。"

他们的话当然没错。但关键是,如何达到目的?我感觉,在埃勒尔以下的发言中找不到解决之道:"我们拥有共同的历史,我们应该努力让本民族实现自我的和解,做个彻底的了断。"(但如何实现自我和解?怎么才能彻底了断?埃勒尔对此没有任何建议,他也没有片言只语论及德国历史目前呈现的状态。在埃勒尔看来,似乎一切都已经大功告成了,只要一个人不和自己过不去,他就可以继续若无其事地当个德国人。考虑到历史的沉重,自我和解真是一个可实现的目标吗?而且德国人还有更多的任务:通过内心的蜕变,重建新的国家,创造崭新的思维方式和生活方式。这一切很容易实现吗?话说得真轻巧啊!)

同样,按照巴泽尔的说法,历史问题听上去是很容易解决的,德国历史也是毫无问题的:"我们永远属于这个民族并拥有它的全部历史……我们已经把刑事犯罪和政治错误彻底区分开来了。"

3　后续问题

如果追诉时效被终止,将会发生什么事?也许这个问题的答案才揭示了事件背后至关重要的动机。

它将在全世界掀起抗议德国的舆论浪潮。这一点从未有人提起。

大量的档案资料将如海潮般从东德涌来,资料上指名道姓,而那些被点到名的人却大摇大摆地自由行动,也许还会在什么地方自我吹嘘一番。弗里登斯堡说:"我敢下断言,东柏林的诺登(Norden)教授为此已经准备了一大堆资料,然后我们每隔半年就要在记者招待会上面对一批精心挑选出来的新资料……还有其他类似的卑鄙行为。到时候我们将面临更多的麻烦。你们真的认为,那些确认自己不会再被送上法庭的在逃犯们会老老实实地保持低调?你们确定,新闻媒体不会趁机大做文章,爆出一些热点新闻?涉案人员只需装成悔过的样子,过后却变本加厉。德国国内的形势将变得更加不稳。我们不能说,我们没有预见到这些。"

现在找不到解决之道的一些问题,四年后还会再度出现,但德国的多数政治家现在似乎懒得操心了(有人已经在谈论,如布塞)。

4 德国公众舆论的压力

弗里登斯堡强调以下的重要原因:"德国公众在这个问题上的强烈反应主要基于一个观点:现在应该天下太平了,应该和过去来个彻底的了断。一个人不能永远背负着可怕的历史负担……很大一部分人因持上述观点而反对我们的立场。"

居德引用他的一位犹太老友——一位前州法院院长——的话:"如果人们想消除极端的报复行为,就必须明白一点,我们不能苛求一个民族反复咀嚼过去的历史。"居德进而指出:"这段话不是说给法律工作者听的,它是针对一个民族的病症开出的药方。"

"反复咀嚼"听上去不雅,可以替换成"不断反思",它令我们目前的生活具有沉甸甸的质感,赋予其历史的存在感。严肃看待历史的人不会忘记过去,反而会不断从历史的回忆中找到自我的定位。这是源自于《旧约》的历史态度,它贯穿了整部欧洲历史,浅薄的现代人却无法理解它,基于庸俗的理性主义和肤浅的心理学对它大加排斥。所谓对"民族的病症"开出的药方,实质上是号召人们放弃通过内省来重建道德政治主体意识的尝试。它与"对症下药"无关,而是针对一种自由——公民们不断进行内心反省的自由。我想起一位可敬的精神分析学家在 1933 年夏天说的话：希特勒的所作所为是历史上最重要的心理分析案例。希特勒对心理学、精神分析学和精神疗法的滥用以及相关的思维方式是西方世界的瘟疫，无数人因此堕入了精神的深渊。

5 对新一轮去纳粹化的恐惧

人们对新一轮"去纳粹化"运动的反感是显而易见的。有关追诉时效的议会辩论和决议令他们感觉受到威胁，在我看来，他们应对威胁的自我保护有个重要的动机，让我们听听下面的说法：

布赫尔："当我的同事乌内特先生说，他担心我们又会推动新一轮去纳粹化，我不得不表示同意。当然了，我们现在讨论的主题与去纳粹化没有关系，但是，当联邦法院的候选人勒斯道先生被人议论当过冲锋队队员，或者人们议论着，'许勒尔先生是否能继续当路德维希堡的行政官员，他曾经参加过纳粹党和冲锋队'，诸如此类，与去纳粹化又有什么实质区别？"

巴泽尔："我们不想推动去纳粹化，没人想对思想判罪，我们只针对严重的刑事犯罪。"

耶格尔强调说："我们现在做的事与所谓的去纳粹化毫无关系。占领国从前要求我们进行的去纳粹化是针对政治责任进行惩罚的可悲尝试。我们认为，政治错误不应受到惩处。我们一直说，不要惩处犯政治错误的人，但是那些有刑事罪行的人应该受到审判。如果我们无法说到做到，让那些罪犯站到审判席上，我们之间就失去了互信的基础。"

希尔施："我们所有人都不想搞去纳粹化，现在的问题只是是否延长针对犯罪分子的追诉时效期。"

雅恩的话有些不同，隐约点出事情的本质："我很担忧，某些从司法角度提出的反对延长法律诉讼期的理由，会让人们产生一些危险的联想——有人正试图进行新一轮去纳粹化，而我们早就达成共识，不应做出此类决定。"

为什么人们担心新的去纳粹化？因为调查会涉及到很多人，虽然他们没有刑事罪责，但也会受到牵连。他们将会遭到质疑，凭他们在纳粹时期的个人表现，是否有资格担任公职或者身居高位？无法担任公职被视为一种惩罚。以前的去纳粹化运动让他们感觉受到威胁，新一轮的去纳粹化也同样如此。为了建设新的德国，上述举措不仅是适当的，也是必要的。

没人在议会中公开谈论这些，即使谈到也只是隐晦地做些暗示，但我在私下里听到下面的说法：很多官员、法官和名人虽无犯罪的事实，但是过去与纳粹有牵扯，他们一直在担心被卷入调查并且被曝光。调查本身已经让他们感到了威胁。对纳粹罪行的追查可能会让这些并未犯罪的前纳粹分子身败名裂。

6　追诉时效和大赦

弗里登斯堡警告说，人们不要指望借追诉时效的问题彻底摆脱过去，大赦和追诉时效根本是两码事。没人敢要求大赦。但人们不由得产生一个印象：通过修改追诉时效期让一部分纳粹战犯免于被起诉，其后隐藏着一个动机——今后进一步推动对纳粹战犯的大赦。

考虑到世界舆论，纳粹战犯目前是不可能被赦免的。但有人聪明地想出来了一个替代性的方案，由于它还没有获得赞成的多数票，所以还没有成为法律事务委员会讨论的议题。但在第一次会议上，它的内容已经被初步探讨过。居德说："我个人赞成一劳永逸的方案，只要不会有14000个案卷——也许有16000或者17000个案卷——全部摆在我们面前，我们可以放宽案卷调查的标准，通过对犯罪事实的梳理，把延长追诉时效期的适用范围缩小到少数罪大恶极的罪犯。"居德一直反对延长追诉时效期，只有在上述的前提条件下，他才会表示赞成。

这个新提出的法律草案被提交法律事务委员会进行二读，但是最终被驳回了，没有进行进一步的讨论。该提案涵盖从1933年1月30日到1945年7月31日的所有犯罪行为，它提出不再发起"广泛"的调查，只追查"案情重大"的嫌犯。如此一来，只要被告是以下级的身份接受上级的指示或者命令，就可以减轻其做决定的责任，连首席检察长也无法发起公诉。已经发起诉讼的案例，只要符合上述条件，上级部门可以中止司法程序。这个不同寻常的法律草案提出了全新的法律调查方法，显然它是想在无法实现大赦的前提下，把针对纳粹犯罪分子的调查范围尽量缩小。

这份没有结果的提案所展示的目的并不是彻底清算纳粹战犯，恰恰相反，它是想把刑事调查和因调查产生的威胁降低到最小的程度。

威廉密（Wilhelmi, CDU）论证说："新的法律程序被制定出来，是为了实现正义。为了避免它被滥用，最高当局将会介入，专门成立一个委员会，以最审慎的态度进行审查，并采取多数票通过的方式做出决议。"

居德表示，法律事务委员会"一致同意"通过这份提案，可雅恩立即反驳，他认为不存在"一致同意"的情况，他本人就表示反对，"法律事务委员会里很多低阶成员总是自行其是，按自己的意愿推行一些不正当的事情。我们不应该对一些本应承担责任的事情提出质疑"。

埃勒尔也反对新的提案，他和他的朋友们坚持认为，"法律事务委员会向我们指出的道路不是一条正路"。把

"针对重要嫌犯的调查"与"广泛的调查"区分开来,或者区别"下属"和"主使者"的责任,诸如此类的建议无法令他感到满意。

令人惊异的是,在最后时刻产生的提案已经超越了延长追诉时效期所能影响的范畴,它不止影响到新立案的案件,还涉及到了所有的案件。它对纳粹嫌犯能起到的保护作用,已经令追诉时效相形见绌了。围绕追诉时效期的争论,至多帮助人们实现最小的目标;而针对调查取证的法律限制,却能让他们在大赦无望的前提下,实现利益最大化。调查取证的案件数量将会大大减少。

现实的情况是,议员们虽然不赞成延长追诉时效期,但如果新的法律提案通过了,他们愿意在此前提下投赞成票。由于新提案是否能通过还不确定,目前有两种观点。

一派人希望延长追诉时效期,他们期待着大家能支持提案的第三条,冯·梅尔卡茨表示:"在我看来,提案第三条是我今天做出决定的关键。它有助于维护稳定的法治……纵然未来事与愿违,我也愿意承担决策的风险。"

另一派人则不抱信心。梅默尔(Memmel, CDU)说:"对我来说,提案的第三条,即放宽调查取证的标准,是裹在'推迟追诉时效起始日期'这枚苦药丸外面的糖衣。"他不知道,法律事务委员会驳回提案后会发生什么,所以他也没有投赞成票。

7 "不让德国人蒙羞"

巴泽尔在议会辩论中说的一句话引起了很多人的共鸣："我们大家都有责任，不让德国人蒙羞。"

这句话属于那种人人都会赞同、但本身毫无意义的废话。雅恩表示"深受触动"，但他很快发现了两个问题：在追查纳粹罪行和追诉时效的问题上，政府做得还远远不够，不足以让德国人保存颜面。他们往往犹豫不决，行动迟缓，总是觉得"这些不应该由我来管"，总是以"有碍国际观瞻"为行动的唯一动机。然后他又问道，不让德国人蒙羞，这话到底什么意思？每个人讲这句话时的想法都不一样。"如果我们无须仔细地分析这个问题，"雅恩说，"我的感觉会好一点。"

德勒说："难道我们必须和全世界一起仇恨和诅咒自己，永远背负着罪孽？我们这么做，能让自己的民族不再蒙羞吗？不，我们可以通过合法的方式，简单而坚定地向世界表明自己的意愿，仅此而已。"

"不让德国人蒙羞"的说法包藏着某种不良的用心，似乎有哪个德国人不是发自本能地这么想，似乎有谁存心想伤害自己的祖国。我们可以列举一大串有损德国人脸面的言论和行为，随便举几个例子：当舒马赫（Schumacher）挖苦阿登纳是"同盟国的总理"时，德国人的脸面何在？舒马赫是德国战后第一个试图唤醒已经过时的民族意识的人，他还强迫其他人追随他的方向！当阿登纳对格洛布克（Globke）这样的人委以重任并且坚持不肯撤换他时，德国人难道不觉得丢脸吗？拥有政治豁免权的阿登纳公然在议会中咒骂《明镜》周刊创始人鲁道夫·奥格施泰因"做卖国的生意"，好似他叛国的罪名已经板上钉钉一样，那时德国人是否觉得丢脸？在外交上出于幻想和外来的压力，放弃寻找友谊和自主外交的机会，难道不会让德国受辱吗？诸如此类的例子不胜枚举。有一个无法回避的问题：到底是哪种意义上的受辱？从这个角度定义的伤害，从另一个角度看可能正好相反。不管是追诉时效的支持者还是反对者，他们都认为自己在竭力想避免让德国蒙羞。

8 引导的使命

很多议员发言时都强调了议会应该起到引导民心的作用。作为民选代表，同时也作为榜样，他们试图对群众施加影响。他们思考、发言和做决定都是为了这个目的。

阿恩特的发言谦虚而中肯，他认为至少大屠杀的事实应该受到公众更多的关注："也许我们激烈的争论，会让那些令我们痛苦的事件进入公众和个人关注的视野。"

巴泽尔的态度却既不谦逊也不诚恳:"团结的议会能够催生和塑造团结的民众,因此这个问题必须放在大背景里来理解。""如果议会只将注意力放在赞成或者反对某些提案条款上,它将错失一次引导德国社会舆论的良机。"

事实上民间并没有多少反响。议会多数表决法并不能让民众感到满意,众人意见一致就能催生一个真正的社会共同体吗?

从一开始,这件事就只是议会、政党和职业政治家处理危机的内部事务。原本的动机也许只是因为追诉时效的问题在某种程度上(也许关系并不是很大)牵涉到他们自身的利益。他们只在意决议对自己有利还是有害,对照议会的现实情况及其精神面貌,以民为本和为民发声的初衷并没有得到落实。议会并不像它自我吹嘘的样子,虽然它愿意也应该朝那个方向发展。

Ⅳ 达成共识的意愿

联邦议院试图达成统一的意见,在此压力之下,达成共识本身似乎成了一个值得追求的目标。投赞成票的人越来越多,而付出的代价是,意见统一所获得的成果却越来越小。最终的结果是,重新确定追诉时效期的起始日期,这样一来,虽然没有明确的延长追诉时效期,却保证了追诉时效期不会在 1965 年 5 月 8 日终止,把终止日期往后推了四年。以低至底线上的妥协,解决了一个无法回避的难题。在这个事关国本的重大问题上,人们希望尽可能达成统一的意见,获得尽量多的赞成票,以便于在全世界和德国人民面前塑造一个团结的集体形象。面对这个棘手的问题,他们希望让尽可能多的人分担责任。联邦议院和德国人民应该在世界舞台上表现得更加团结。政治家们表示:我们大家同心同德,我们不想让德国人蒙羞。我们想让德国人民发出团结一致的声音。

本达议员的首次演讲以及后续发言显然发挥了作用,他安抚了人们的情绪,缓解了令人沮丧的困局。大家应该平静地坐下来,共同完成必须完成的事情。人们很难拒绝本达的倡议,虽然他的话以及他的诉求有不尽不实的成分。他的态度谦恭和气，照顾到了方方面面所有人的面子，同时小心翼翼地把握住分寸，安抚了众人的各种暧昧情绪，让在场的政治家们感觉到，他们可以找到一条舒适的道路，去穿越面前这片崎岖坎坷、荆棘丛生却必须硬着头皮穿越的荒野地。本达的开场白是："我们都感到痛苦！……整个民族和我们一样痛苦。"事实上大家受的苦各不相同，即使有的人没有痛苦的感受，他也乐意听到这样的表述，所有人都会表示赞同。

本达谨慎地断言："我觉得，大家的想法已经改变了。"他鼓励各位议员做出决定，去支持一件无法回避的事——追诉时效期绝不能在 1965 年 5 月终止。他认为人们已经做出了抉择："实际上人们只是想找出一条在法律和政治层面上无可指摘的最佳道路，我必须说，它是一个非常棘手的问题！"

本达甚至走得更远，他认为反对者的存在也彰显了议会的团结气氛，他不光承认对方有反对的权利，还对这些人大加赞美："我们之中，每一位基于宪法精神和自身对于宪法的信仰拒绝修改法律和基本法的人，都值得我尊重。凡有此信念的人，不仅不需要甚至也不应该赞同我们的提案。我们当中任何一个人都不至于妄自尊大到故意或轻率地做违宪的事，这一点是无可置疑的。问题只是在于大家的观点不同。我个人的结论是，延长追诉时效期与宪法并无抵触之处。"

本达认为反对者的存在是一件好事,他称赞他们:"不可能所有的人都表示赞同,这样反而不好。我对所有不假思索投赞成票的行为都抱以怀疑的态度,无一例外!我认为,在这个问题上保持独立见解的人更值得尊重。"

本达强调,不管他的提案还是社会民主党的提案或者随便哪个提案,是否能通过并不重要,要紧的是,"提案应当在议院中获得尽可能广泛的支持"。

谁会对这番言论不满意呢?多数议员报之以掌声,他们仿佛看到了出路。

阿恩特用自己的语言热烈支持本达倡导的团结精神,表示在这个问题上,现在"彼此争吵"并无益处,"协商对话"才是意义之所在。所有提案都只是暂时性的方案。议会党团内部的观点也在不断变化。"我们认为,所有在联邦议院中负有责任的人都应该团结起来……它关系到整个民族的团结。我们不能再回到从前的状态了:一些人支持黑白红三色旗,另一些人支持黑红金旗帜;一部分人支持延长追诉时效期,另一部分人反对。我们无法再承受这样的分裂状态,也不想再这样。"

但他举的例子是否太夸张了?旗帜象征不同的政治理念、国家观念和道德观念,它反映出的分裂贯穿整个民族。我认为,即使没有旗帜,今天的德国人事实上也存在着分裂,只不过以另外一种形式表现出来。整个民族其实对追诉时效期的问题漠不关心，没显示出一点"这个问题将会成为一面新的旗帜"的苗头，多数人抱着无所谓的态度。

这场运动充斥着暧昧不明的反对和赞成态度，当人们阐释自己做出决定的动机时，往往失了分寸，因为他们缺乏实事求是的精神而流于浮夸。

所谓的团结精神到底体现在哪里？它到底有何含义？或如人们所言，"民族的尊严"（本达），"不让德国人蒙羞"，"想办法解决追诉时效期的难题，而非抵制它"。弗里登斯堡强调了团结精神让人们感受到的欢欣鼓舞："今天的讨论带给我们一个振奋人心的结果，联邦议院在原则性的问题上保持了团结一致。人们曾经猜疑，某些议员会试图掩盖过去发生的事情，但事实证明这样的情况没有发生。我相信，大家的同心同德能让我们在未来解决这样那样类似的难题。"

无人敢掩盖大屠杀的事实，也无人敢提议赦免纳粹罪犯，这是否就体现了团结的精神？甚至更进一步，根本没人敢谈论这些话题（至于他们心里怎么想的，别人不得而知）。鉴于目前国内外的舆论，如果谁敢建议大赦，或在报纸媒体上表露出这方面的意思，他必然声名扫地。没人敢做这些事，是否体现了众人的团结一致？

埃勒尔评价德国人："绝大多数德国人坚韧不拔地争取民主、法治、平衡与和平，我认为，这是把我们联系在一起的精神纽带。"

但是,"绝大多数德国人坚韧不拔地争取民主和法治"的说法并不正确,他们更像无助和无动于衷的旁观者,任凭政治家们操弄民主和法治,并把国家带入日益危险的境地。

与此同时,不团结的迹象也很明显。相当一部分议会少数派坚持追诉时效期限不变的立场。本达一度想以平和的口气拉拢这些人,他对他们表达了敬意,德勒立刻附和说:"我认为,我的同事本达先生定下了一个很好的基调,我们要保持下去!"但自由民主党在议院中表现出来的冥顽不化,连本达也没法容忍了。他批评司法部长布赫尔:"令我反感的是,部长表达观点的方式似乎容不下任何反对意见,它将会或者说已经给人留下一种印象,那就是支持追诉时效期不变的某些人想要操控宪法"。

德勒曾经断言,作为一名法官,绝对不能,也不应该使用这部尚在讨论中的法律,居德反驳说:"冯·梅尔卡茨先生说过,任何一个人都没有独霸真理的权力……您也没有!您不能太霸道,不允许法官们使用这部法律。"

议会少数派并不想努力地与他人达成共识,他们根本不想参与。埃勒尔的话有道理:"少数派根本不想解决问题,当然他们也有自己想要达到的目的,他们希望多数派的各个党派都坚持各自的提案,结果是不会产生任何解决方案。然后少数派就会提出,既然有些人认为必须解决问题,他们就有义务找到一个在议院中获得广泛支持的解决方案,并且就此达成共识。现在发生的情况就是这样。"虽然埃勒尔感到沮丧,他认为目前人们还没找到最好的方案,但他依然表示,"我们不要让那些无意于解决问题的人影响我们在此时此地找到解决方案的决心"。

议会辩论时常显现出与"协商对话"的精神完全不符的亢奋状态,我们听到各种愤怒的指责和恶意的攻击。

刻意营造出的团结气氛不包含党派政治。每个政党内部都充斥着分歧和谬误,立场建立在个人的良知之上,它与党派之争无关。党派政治无法取代良知,因此政治上的对手也可以成为团结的对象。巴泽尔认为:"这个问题的分量已经超越了党派政治所能承受的范围。"连本达谈到党派争斗和破坏团结的行为时也很生气。

党争对政治协商肆无忌惮的破坏作用,在竞选中很快得到了体现。自由民主党在竞选广告中声称,联邦议院围绕纳粹罪行追诉时效期的辩论,显示出了德国因没有强大的第三方政党必须承受的伤害。记者弗吕格(H. Flügge,巴塞尔市《民族报》的记者)先生评论说:"显然自由民主党反对延长纳粹战犯的追诉时效期,当基民盟/基社盟和社民党做出延长追诉时效期的决定后,来自自民党的司法部长布赫尔博士选择了辞职。把追诉时效期的话题引入政党竞选,并且不点名地批评基民盟/基社盟和社民党的决定有损于国家,这种做法显得很轻浮。"除了自由民主党的领导人，恐怕没有人会反驳记者先生的话。自由民主党指望着，他们在追诉时效期问题上的表态能带来更多的选票。

有一则令人吃惊的竞选广告出现在3月10日至3月25日的议院辩论会之后。广告的创作者们可能认为，议会中的慷慨陈词只是一场大家共同参与的骗局。它传递了选民的某种灰暗感觉：最能干的政治家实际上是最善于伪装的人——动机、原则乃至决策似乎都是可以交换的货币，人们根据竞选中可供利用的程度来判断和看待其价值。我们不知道，这是否是他们真实的想法。

让我们进一步审视，所谓的共识到底体现在哪里？也许只集中体现在一点上：人们一致认为，追诉时效期绝不能在（1965年）5月8日终止。

从本达的表现看，他并不是值得信赖的人，他在议会辩论的过程中一再让步，一开始他就给出了理由，他在首次发言中阐明了自己的目标："当前最重要的不是走妥协道路，结果拿出来的方案让各方都不满意。相反，我们应当争取让自己的方案在议会中获得尽可能广泛的支持。"让尽可能多的议员投赞成票，被视作可信度的体现。

可赞成票的多寡并不是"可信度"的指标，"可信度"体现在人们阐释立场时传达出的清晰理念。本达是否在"不妥协"的前提下获得了大量的支持呢？事实恐怕正好相反——通过"妥协"和"放弃"才获得可怜巴巴的成果,通过近乎耍诈地推迟追诉时效期的终止日期,实质上延长了追诉时效期。本达对议会协商的成果做出评价,他在最后一次议会发言中同时表达了满意和遗憾,满意之处在于,"针对纳粹罪行的追诉时效期没有在1965年5月8日终止",而且"绝大多数议员支持继续调查纳粹罪行";遗憾之处在于,"我谨代表个人和我的同事们坦率地声明,相比我们的提案,多数议员赞成通过的最终方案并未取得应有的成果。它不仅在法律层面上,也在政治层面上无法令人满意。我们认为,如果按照我们的提案,以明确的方式延长追诉时效期,取得的效果会更加理想"。

本达和他的同事们为什么一再让步?他们的顾虑是:"当我们意识到,假如我们不顾一切地坚持原来的立场,就无法获得议会多数人支持时,我们只能放弃。""为了一个必须实现的目标,我们宁愿抛开所有的党派之争。"

让我们回顾一下,本达先生在妥协之路上究竟走了多远。起初他认为"应该取消追诉时效期",后来他赞成"延长追诉时效期",再后来,他希望"在保持原有诉讼期期限不变的情况下,向后推迟追诉时效期的起始时间,重新计算追诉时效期"。这条道路,始于一份充分意识到纳粹罪行并坚持原则性的提案,中间经历了纯粹的法律程序之辩,到最后变成了推迟追诉时效期起始日期的花招,一路走来,它的意义和内核已经损耗殆尽,作为立国之基的道德准则和政治理念已经杳然无踪。剩下的仅是迫于形势不得不坚持的一个底线——追诉时效期绝不能在1965年5月宣告到期。

这是一种妥协吗?不,它其实比妥协还糟糕,因为它放弃了所有的基本信条。本达给这件事涂抹上另一层鼓舞人心的,但在我看来具有欺骗性的粉饰。他说:"我认为,中庸之道是更好的解决方案。"("中庸之道"?为了实现"追诉时效期不在5月份终止"的表面效果,全盘放弃和妥协,我没看出"中庸之道"体现在何处。)"我们竭尽一切努力,不让'追诉时效期的问题'变成支持方和反对方针锋相对的前沿阵地。当我们做出了'绝不让追诉时效期在5月8月终止'的决议之后,余下最重要的是,经历了过去几周甚至几个月的公开辩论之后,如何在联邦议院乃至整个民族中弥合分歧,重新建立曾一度受到威胁的内部团结。我们找到的解决方案也许不是最好的,但却是能让大家接受的。"("能让人接受的",是指保住了必须守住的底线吗?)对那些原本连底线都不想守,只是不想破坏议会的团结而投了赞成票的同事们,本达也伸出了友谊之手:"正如我和我的朋友们所言,站在不同立场的同事们也做出了很大牺牲,从他们的角度出发,最终支持我们的提案是一件不容易的事。"

议会少数派(自由民主党)连靠玩花招达成的决议都不赞成,这些人之所以得逞,因为他们知道议会多数派在替自己火中取栗，而他们却通过僵化和虚伪的政治表态大肆"造势"，乘机捞取选票（正如本达早先在另一个场合的揭露，或者看他们在大选中的表现）。

本达骄傲地说："某些人说，'他们在最后时刻会改变立场'，这种论调不会让我害怕。"

在本达提案的一读过程中，梅茨格也像很多人一样沉溺于本达巧妙营造出来的议会氛围："亲爱的朋友们——我称呼你们为朋友，因为大家都已经拴在一根绳子上。"本达在最后一次会议上表露的遗憾有着同样的基调："虽然前面两位发言者（耶格尔和埃勒尔）的演讲非常精彩……但是事情还有不尽如人意之处，今天的会场让我回想起 5 月 10 日辩论会上令人难忘的气氛。那天我们进行了深入的讨论，今天我们又要做出一个具体的决定。"

让我们回顾一下过去吧！我们真的坐下来"协商对话"了吗？我认为没有。人们在避免一场追究本质的斗争。他们在处理这个重大问题时，在无意之间，但凭着本能回避着事情的真相。他们允许一些人出来说话，发表个人意见，但任何问题都没有得到解决。他们不想深入地探讨问题——把讨论深入到立国之本的层次，还巧加粉饰，掩盖其原本能达到的深度。所谓的"团结"并不存在。在解决问题的表面手法之下，问题的关键内核并没有被触及。在任何一个本质问题上，议员们都没有达成共识，但很大一部分人——并非所有的人——私下里认为，绝不可以终止追诉时效期，所以他们不得不做些什么，让目前的追诉时效终止日期不再生效。

但议员们可不这么想，耶格尔做总结发言时说："不管怎样，我们总算基本上达成了共识，最终决议的质量与议会辩论的激烈程度成正比。"

V 被刻意强调的"思想斗争"和良知

巴泽尔讲过一句话,后来迪特里希(Dittrich, CDU)又重复了一遍:"我们都在斗争——每个人都在做思想斗争,所有人都在和别人斗争。"为什么呢?为了维护法治和国家基本法?可并没有人在刻意破坏它们呀。那到底为了什么?到底发生了什么事?是否真的出于道德和政治的自觉性?

阿恩特说:"十六年来,在联邦议院所做的所有决议中,没有哪个决议做得如此艰难,带来这么多的痛苦(按本达的说法)。"后来耶格尔也表达了同样的看法:"对于每个人来说,做出这个决定都不容易。每个人都在内心做着思想斗争,同时和其他人进行争论。"

灰暗的情绪是被摒弃的,而激烈的感情是被允许的。如果说本达的发言态度很克制(按梅茨格的说法),阿恩特则毫不掩饰自己的情绪。"我们意识到,这些斗争后面掩藏的东西。任何一个严肃地看待本民族和本国历史的德国人,当他认真地思考、发言和采取行动时,内心都会充满激情。"对一个激情洋溢的人来说,本达宣称的"人们感受到的痛苦"是否指国家意识形态层面的"痛苦"呢?

当年，联邦德国曾做出了一个无比重要的决定，从而完成了国家的重建。面对彻底改变国家政体的新计划（与以往颁布的一切社会规则相反），如果人们心中充满激情，是情有可原的。那时人们在沉默中被动接受了一切，完全不理解其中的意义，他们不知道，自己将踏上一条什么样的道路。相形之下，现在发生的事情微不足道，但它在意识形态上具有特殊的象征意义。联邦议会和德国政府这次的表现，让联邦德国彻底暴露了自己的本质。这些激情原本可以用来净化心中的阴霾、导向真诚坦白的心境，让人们结合新德国存在的意义，认清问题的实质。现实中发生的事情却恰好相反，下面我们将一一列举事实，并在文章末尾做出总结。

让我们继续看下去。人们究竟基于什么原因做出了目前的决定？"每个人都按照自己的良心行事。"它已成为一条公认的准则。这里的"良心"到底指什么？布赫尔部长说："首先我们要从法律角度考虑这个问题，然后每个人还要依照自己的良心做出决定和找到答案。"他用这句话解释了，为何德国总理无法拍板做出决定？为何议会多数人投票通过的决议依旧不起作用？出自良知的决定，它意味着，个人的良知被视作至高的准绳。

许多议员用自己的语言表达了同样的意思，也就是说这个决议并非来自哪个政党，它取决于个人的良知。每个人要凭良心做出决定，同时被赋予权利并履行义务。

"良知",这个词在议会辩论中屡屡出现,并被赋予不可辩驳的含义。它成了最高的仲裁者,有着不同的表述方式。人们无条件地尊崇它。质疑他人的良知,是一种不得体的行为;但是各凭良心做事,是社会允许的。于是事情变得简单了,大家无须再进行讨论和交流。"思想斗争"在公众视线中隐匿不见了,人们只需对外宣称,他们并未停止内心的斗争。

没有人质疑过,良知的本质到底是什么?通常意义上的良知,具有这样的特点:它让人们的语气清晰、平静而坚定。当一个有良知的人倾听外界的言论时,他能很快意识到,自己到底想要什么,因为当内心处于自由的状态,他能自然而然地明辨是非。如果人们不能秉持一颗纯真明澈、毫无欺诈的心,不愿尽最大努力去获取真实的信息和了解真相,探寻个人做出评判的所有可能性,那么"思想斗争"的真实性是令人生疑的。"内心的斗争"往往沦为一句空话,实际上人们把良心搁在一边,以良心为幌子,做着自我欺骗的事情。纳粹时代就有这样的宣传:经过"整夜的思想斗争",人们终于在思想觉悟上有了进步,出于"高尚的情操",他们决心为祖国牺牲奉献、担负起重大的责任。于是"良知"成为让人们"违背良知"的洗脑术语,这些事,我们在1933年早就领教过了。很多我们自认为熟悉的人,忽然变成了另一个人。在他们所谓"良心"的地基上竖起了一面隔离墙，把我们与他们分隔开。他们是真的变了样，还是撕去了原来的伪装？当别人想和他们交谈时，他们总是故意回避。

把良知和科学混为一谈的做法令人困惑。科学无须求助于良知，它只需要理性的判断力。法学是一门科学，只要给出可供推断的前提条件，就必然得到相应的结果。科学并非可供人们选择的信念，它放之四海而皆准。有人担忧"延长追诉时效期"将会引起法律上的问题，针对这个忧虑，大多数刑法和宪法专业的教授们表明了"科学的态度"，但多数派的表态似乎无济于事。如果真的想和科学态度对抗，恐怕先要在法学的诸多前提条件中，找出其中哪一点是永远无法以理智做出判断的。但真的想找出这一点，同样需要科学的态度。虽然存在可能性，但各种法学讨论迄今无法提供明确的证明。这一切都与良知无关。

令人惊奇的是，让每个人各凭良心做事的"良心"，居然阻碍了某位议员做出自己的决定。冯·梅尔卡茨说："在此时此地，我的良心不允许我把个人的评判标准作为决策的基础。联邦议院是整个民族的代表，作为个人，我们还是民众的发声筒。我内心深知，在如此重大的问题上，我们当中任何一个人都没有获得真正的决策权。因此我认为，在这个问题上尽可能提高集体决策的权重，更能在法律上站得住脚。"

忽略政党之别,让各位议员凭良知做出决定,业已成为公认的原则和要求。大家都认为,良心的考验、观念的转变和政治上的协商等宏大的话题已经超越了党派政治。个人的良心成为决定性的因素,它取代了党派和政党利益。

让我们看看投票结果吧。针对《重新计算刑法追诉时效期》的决议(几轮议会辩论后残余的成果),哪些人投了赞成票,哪些人投了反对票:

基民盟:180票赞成,37票反对
社民党:178票赞成,0票反对
自民党:3票赞成,59票反对

好了,我们可以得出结论:良心的分布规律与党派相关。只有基民盟内部才存在真正的讨论,从投票结果还能看到其成员观念转变的明显痕迹,最终还保留了37名投反对票的人。社民党只有投赞成票的人,没有一个人投反对票。即使社民党内部有人的观点发生了变化,这里也看不出任何痕迹,而且这种变化只可能发生在少数党员(例如阿恩特)身上,起码早在最后几周议会辩论开始之前,他们应该就改变了看法。自民党几乎异口同声地反对,只有三个人投赞成票,可他们的声音好像消失了一样。除了基民盟之外,对于其他党派来说,超越党派政治的斗争并不存在。本达在阿恩特的帮助之下，炮制了"整件事是一场对良心的考验，超越了党派之争"的论调，可是投票结果打了他的脸。虽然没有人强迫议员们按照党派的立场来投票，每个议员都可以自由投票，但他们的良心显然与所属党派有着密切的关联。

VI 要求议员们表里如一、不隐藏真实动机，默认所有议员们都已做到了这一点

回顾整场辩论，我们时常会产生怪异的观感。那些人是真心实意的吗？当他们沉浸于高尚的情感时，是否能像正派人一样保持诚实？他们是否确信，没在自我欺骗？如果高贵的情感无法落实到现实，真诚也就无从说起。尽管他们嘴上说着冠冕堂皇的话，却不敢直面真实的自我。他们始终做不到表里如一。

议员们谈论着国家、历史、道德、政治等宏大主题——相关主题的会议已经开了很多次，但他们总像在自说自话，说出的话无关痛痒。他们一贯爱唱高调，却又缺乏思想。除了被压缩到极致、亟待被解决的那个问题，他们的脑子里就没有别的东西了。为什么他们总爱说一些废话？明明有着自由的表达空间，为什么他们却偏要那样讲话？面对以上问题，我们不得不怀疑，这些人在做事和表达自己愿望时，到底有几分真诚？不过，议员们可不这么想，他们向同僚们保证自己的诚意。

布赫尔部长说："至少你们应当相信，我说出来的个人

动机永远是真实的。在座的诸位，也没有理由去猜疑别人另有什么动机。"

德勒说："我的同事阿道夫·阿恩特先生非常反对胡乱猜疑'某某议员动机不纯'。他也很反感，别人不相信他的表态，硬要替他寻找隐藏的动机。我和我的朋友们都深有同感。"

只有雅恩表达了不同的看法："巴泽尔先生说过，议会中没有任何一个人——的确没有人——有必要在讨论法治问题时夹带私货，我非常希望，他的论断是完全正确的。"

迪特里希议员立刻义正词严地反驳："天哪！雅恩先生，听您的话，似乎已经在怀疑，您的同事们，在座的议员们，没有凭着良心说话。"他还向大家呼吁："我们应该保持对彼此的尊重！"

谈到布赫尔部长反对延长追诉时效期的原因时，雅恩说："您已经成功做到了，让我无法弄清您真实的动机和理由。"

其实并不存在"公开的动机/隐藏的动机"这样简单的二元选择。选择只在于，人们是否有开诚布公的意愿。在议会辩论中，如果人们愿意真诚地共同寻找真相，那么，每个人言论中蕴含的真意，以及它的前因后果，都会被揭示出来。内心自省能让一个人认清，我有哪些欲求，它们是否符合实际？或者与之相悖？我会意识到，自己的认知变得越来越清晰。不要把别人表露的动机视为绝对的、终极的真相，那是很荒唐的。我们永远无法百分百地确认他人的动机。

如果说目前存在一种虽时常表露出来，但大家又不肯承认的思想倾向，它可能是这样的：人们希望结束整件事；忘掉过往，为了未来而活；保护受到牵连的人，那些人已经融入了社会，现在只想平静地生活下去。换句话说，人们认为，现在德国处于正常状态，无须任何颠覆性的改变，因为国家完全走在正轨上。

Ⅶ 通过寻求一致和让人闭嘴的方式来摆脱困境

尽管几个主要的发言人和整个议院都在倡导团结精神，但辩论过程中还是出现了一些激烈的场面。

1 雅恩

在司法部长面临的诸多困难和思虑中，雅恩发现了"一个危险——忽视关键问题的危险，关键的问题就是，仅仅通过司法手段，我们是否能妥善处理历史上绝无仅有的超大规模团体犯罪？或者，我们应该首先从道德和政治的角度去思考它？诚然，国家法治乃是政治决策的法律依据，但我们不能以此为借口，回避决策的道德和政治内涵"。亲爱的读者们，想一想吧，终于有一位议员先生说出了最关键的东西。

雅恩反对巴泽尔把一切归罪于希特勒的论调，他认为："他仅仅说对了一半。""对德国人民的理想主义精神"的"利用"之所以能够成功，是由于相当大一部分德国人放弃了自身的责任感。我们不能"忽视个体的责任……不能把它推诿成犯政治错误的个人权利，有一些错误，作为一个人，无论如何都不应该犯。凡参与谋杀的人，不管间接参与还是只做案头工作,都犯下了不该犯的错"。

虽然雅恩说中了要害,但他没有深入展开,他转而谈论一些细枝末节,虽然它们与问题的本质有些关联,但本身并不重要。例如,他指责德国政府没有及时地做一些必要工作以揭露纳粹罪行,他认为"德国政府长期以来的抗拒态度造成了如今更多的困难和负担,毫无必要地增加了解决问题的难度"。

他还指出,德国司法部的公文还保留着纳粹时代的一些专用术语,例如政治人物的称谓:"鲁道夫·赫斯(Rudolf Heß)——元首的副手","卡尔·邓尼茨(Karl Dönitz)——最后一任帝国总统"。雅恩质疑:"难道这就是目前德国人对现实的态度和对历史的认知水平?……如果我们马马虎虎,懒得清理自己的语言,那么我们就无法做到,不让我们的民族蒙羞。"

很明显,雅恩期望德国政府能成为精神和政治领域的引导者——重建德国的道德根基,有意识地通过每一件事完成重建的任务。在引导民心方面,议会的重要性并不亚于政府,雅恩似乎真心希望它们能不负重托。

雅恩秉持的政治理念,显然与议员们在解决追诉时效期问题时在意的东西背道而驰。"我们如何解决那些必须解决的事情——它们已经和大环境格格不入,如何对待那些曾经作恶的人,可以用来检验我们经历过恐怖岁月后残留了多少人性。"大屠杀和追诉时效期就属于必须解决的那一部分问题。"我们用干净的手段处理那些犯下罪行的人,这是给我们民族上的重要一课。"

但雅恩没有继续展开话题,反而引用了基督教委员会公告中的一大段话:"我们呼吁所有的年轻人,在处理严峻的历史问题时,不仅要着眼于过去,还要有意识地在德国社会生活的各个领域和各个方面重新打下新的基础,开创崭新的未来。""我们老一辈的德国人再一次被质问,现在我们是否真正了解纳粹大屠杀的规模,是否能直面过去,而不是想摆脱过去的记忆,推卸所有的责任。""所有的德国公民,包括没有参与纳粹罪行的,对此一无所知的人,都要承担罪责,因为他们消极地任凭本民族的道德标准和法律准则遭到颠覆。"

议员们的反应非常神经质,尖酸刻薄,毫无实事求是的精神。雅恩的话对他们没有产生任何积极影响。但一些人意识到,他话中的内涵,对于这次辩论的主导思想有着破坏性的作用。于是,雅恩刚一发言,人们立刻发起了一连串的质疑,让他很快就败下阵来。这些人的策略是这样的:强行把辩论引到无关紧要的话题,有意小题大做,比如指责雅恩没有正确地引用别人的话。他们还认为,他表面想要超越党派之争促进和谐,实际上却暴露出以党派政治为导向的思想。但对于本文公正的读者们来说,这两点指责都不成立。下面我来具体阐释。

巴泽尔评论希特勒时说:"这个人对德国人也负有重大的罪责,尤其对爱国精神和理想主义被他利用的那些人而言。"

雅恩引用了他的话:"巴泽尔博士认为,希特勒利用了德国人。"巴泽尔立即打断了他:"请您正确引用我的发言!我的原话是:他对德国人也负有重大的罪责。意思完全不一样……请您不要篡改原文!"诸如此类的例子。

雅恩对原话的改动微不足道。针对他要表达的意思,"利用德国人"和"利用德国人的爱国主义和理想主义精神"在特定的语境下没什么不同,后一种表达方式是对前一句话的阐释。两种方式都能传达出他想说的意思,那就是巴泽尔只说出了一半的真相。"利用"之所以能成功,是因为人们忽视了自己的责任。出于爱国精神和理想主义犯下的政治错误,不构成被原谅的理由。

巴泽尔一心想把刑事罪责和政治错误严格区别开来。正是在这一点上,雅恩坏了他的事。雅恩认为,政治错误只是一个方便的借口,他对此有不同的看法。这正是关键所在。雅恩由此展开,认为爱国精神和理想主义不能成为包容政治错误的理由,反而会让个人的人品显得可疑。

它不仅是错误的认知,也是道德的堕落。当我们回想1933年之前最初阶段人们的一些对话,我们能觉察到当时人们的错误观念。它并非理性上的，而是道德上的"错误"。它不像普通的错误一样，能够得到修正。为什么？原因在于，人们没能正确认识他们讨论的内容（例如希特勒发给波滕帕案谋杀凶犯的电报，他在电报中表达的赞赏之意；例如《我的奋斗》的内容、语气和文风；暴力的行为和思想）。当现实不再被承认是现实，对现实的判断也就无法得到纠正。如果一个错误既无法通过事实，也无法通过论证得到纠正，它就超出了可控范围，而不仅仅是一个错误。在这种情况下，政治错误其实是一种道德罪责。人们不可仅视之为一种观念，因为普通的观念存在反驳的探讨空间。一些智慧之士也突然变聋变瞎了，这显然不能用"犯错误"来理解，而是出于内心的意愿。他们虽然没有刑事犯罪，却负有道德罪责。

虽然雅恩看清了这些，但他无法深刻地阐述，总是谈不到点子上。因此，那个一心想把错误和罪行区分开来的巴泽尔能趾高气扬地对雅恩说："请您不要再兜售在议院中无人问津的那些观点了。"也许以前没有哪个议员着重谈过那些，但并不是说，议会中没什么人持同样的观点。

巴泽尔认为"政治错误属于为自己的政治观念负责的政治自由所带来的风险"，他在阐释这个观点时附加了一个限定性的论断："没有哪个机构能够判断出政治错误性质的罪责是否存在以及罪责的大小。"后来针对阿恩特关于罪责问题的发言,他又在这句话的基础上继续发挥:"我谈过自己的罪责——这里指政治错误,而且因此得到了他人的敬重。"阿恩特回应道:"犯政治错误的权利无法抵销历史和道德的罪责。"巴泽尔立即表示:"我并不想把它合理化。"

从以下这个地方能看出来巴泽尔的真正想法:虽然他勉强承认道德罪责的概念,但想在事实上消除它带来的负面影响。道德罪责没有法律上的后果,但会让人们无法参与公共事务。这个界定不是基于法律的判决,而是体现在人事政策方面。在联邦德国,人们普遍认为可以用一张纸(例如去纳粹化的鉴定资料)来证明清白,实际上也就免除了道德和政治罪责的负面影响。雅恩看明白了这一点,阿恩特也表示认同。两个人都意识到,对于国家来说,这一点比惩处刑事犯罪重要得多。

议员们让雅恩闭嘴的第二个策略是指责他"搞党派政治"。但我没有看出雅恩搞党争的迹象,除非人们把对政府的批评都当作搞"党派政治"。他们不仅错误地认定雅恩在搞党争,还煞有其事地大加指责,"在这个问题上搞党争那一套,既不合适也不划算"(巴泽尔)。但是当其他人真的搞党争时,众人义愤填膺的道德感反而消失不见了。举一些例子,针对那个和其他人一起攻击雅恩搞党争的巴泽尔,迪特里希评价说:"事实上巴泽尔先生表示,基民盟/基社盟也可以坦率而没有成见地讨论这个问题,因为他们的初衷是对一个被击垮的民族的爱,这个民族曾经被希特勒毁灭过,过后只能带着那人留下的遗产重生。"难道这话不是党派之见的体现吗?阿恩特也曾经反对过党争,但是他的语气和缓得多:"我的同事巴泽尔发言时暗示说,基民盟与基社盟从来不以党派的名义提出提案,他们做出的任何决议都是个人性质的。他希望自由民主党也不要提出党派性质的提案,德国第三大党被直接忽视了。我们能听出他的弦外之音,巴泽尔先生,按照您的意思,德国有两个政党是重视个人意见的,另外一个政党却做不到。"(巴泽尔回答:"我没那么说!")

本达带着冷冰冰的礼貌态度登场了,他相信自己能获得同事们的支持:"雅恩先生,为了我们共同关心的大事,请您告诉我,您是否认为我们已经严重偏离了亟待解决的问题核心?"(听众鼓掌)"假如我们把党派之争带入这样一个至关重要的问题,我们不仅无法让自己的民族避免受辱,还会造成新的创伤。"(听众再次鼓掌)

虽然雅恩从肤浅无聊的庸众中脱颖而出,敏锐地抓住了事情的本质,但他却无力为自己辩护。他转而谈一些无关紧要的话题,比如说,他提出人们应当解释一下,"避免让德国人受辱"到底是什么意思?他还引用了基督教委员会公告里的一大段话。

雅恩对"至关重要的问题"下的定义和本达不一样,对于雅恩来说,本达口中的"重要问题"充其量是表面问题。雅恩想要解决的"重要问题"如果真的有答案了,那么追诉时效期之类的表面问题也就迎刃而解。但是在一个不被周围人理解的会场上,雅恩最终也只好沉默了。

人们不想听雅恩的话,他们想把话题限制在一定范围内。它只能是一个法律问题,只是关于追诉时效期,只和大屠杀有关。雅恩的发言不能超出上述范围。

本文的读者们可能察觉到了,议员们甚至不太愿意接受雅恩。很多人把煽动情绪的词语用在他的身上,有时候给人的感觉是,他们好像把他当作学校里的坏学生,或者把他从议院的体面阶层开除了。他们指责他的无知,"您是不是明白……""您是否了解……"(巴泽尔的话),"您在吹毛求疵"(迪特里希的话),"在一些细枝末节上吹毛求疵"。

最后弗里登斯堡再一次赞美议员们所谓美好的"团结精神",并且从这个角度贬斥了雅恩偏离主题的糟糕发言:"原本我不想表达我对雅恩先生——我们一直非常尊重的一个人——发言内容的失望(但我不得不说)。我们的朋友本达已经以精彩的方式阐明了此事的必要性,我们应当致以谢意。我本人还非常感谢,他针对雅恩的言论做出了有力的反驳,用清晰简洁的语言表明了我们的立场。"

雅恩的个人形象显然受到了损害,因为他有时还强词夺理。例如当拉斯纳（Rasner, CDU）表示他希望法律事务委员会抓紧工作时，他毫无必要地插话："可惜您的期望无关紧要！"同一个党派的同事埃勒尔立即打圆场说："法律事务委员会对待提案的态度，与议会大党团的期望多少有些关系，但具体怎么处理还要看法律事务委员自身的想法。"拉斯纳答道："当然如此！"还有一个例子，梅默尔议员认为："虽然我们必须惩治可怕的恶行，但我仍然无法理解，为何要制订一部具有追溯力的法律。"雅恩回应说："如果您无意这么做，就是在纵容'吊死小人物，放跑大人物'的现象。"他的话当然是诡辩，理所应当地引起了反驳："您说的完全不对！"

没有人真正理解雅恩的意图，大家只想通过愤怒的抗拒态度来抵御他带来的潜在威胁。他们一次次恼火地诘问他，基于众人的态度，雅恩的党内同事阿恩特也只能为他做有限的辩护："同事雅恩发表的一些消极言论，我也不赞同……但一个人总有争辩的权利吧。"仅此而已，没有更多的支持！雅恩到底发表了什么言论？如果阿恩特真的听懂了，他应该明确指出来。他显然没有理解，雅恩只是把争辩当作一个工具，目的是向大家指出被遗忘的事物本质！

在我看来，雅恩想把别人避而不谈的事摆上桌面。他意识到了事情的本质，却无法很好地表述。他抓不住关键。也许他自己也没有真正理解？他列举了一些现象性的事实，但是选材上未加取舍。他没有抓住最本质的内核，无法把他意识到的大事以恰当的形式表达出来。他所表达的东西，别人不爱听。由于说话不得体，他让自己在辩论中处于劣势。他没法保持辩论应有的水平，所以尽管他看透了事情的本质，表达方式却很糟糕。就像人们常说的："本心虽好，方法欠妥。"我并不是在评价雅恩这个人，仅针对他本次在议院中的表现。无论如何，好人仍然值得嘉奖。

对雅恩失败的发言，我给予如此高的评价，视其为本次议会辩论中最独特的风景。乍看起来，我的态度似乎有欠公允，因为很多议员在发表个人观点时都道出了事态的根由，但是在他们的个人认知、现实表态和政治举措之间，好像存在着难以逾越的鸿沟，当他们在现实中采取行动时，就把自己的观点忘光了。让我们接着往下看吧。

2　认罪态度

德国人对历史的认知是个不可思议的过程，它折射出人们所向往、创造和眷恋的时代氛围。

它主要还是围绕着罪责问题。德国人似乎想补上二十年前最紧迫的政治课——除了几道已经消失的题目之外，其余的课题当时人们并没有及时完成。那时他们已经意识到，没有一个德国人是完全无辜的，只要他没有为了反抗纳粹献出生命。"当犹太人被运走时,只要我们没有到街上去抗议或者大声疾呼直到自己被杀害……只要我们还活着,就是有罪的。"(摘自我在 1945 年 8 月的第一次公开演讲)。拜霍赫胡特(Hochhuth)先生之赐,德国人和世界各国的人民形成了一个刻板印象:当灾难发生时,德国人全都没有发声,都在袖手旁观。今天的德国议员们又怎么看待曾经的主流观念?一个正直的德国人,当年到底抱着什么样的心态才能在乱世中存活呢?

阿恩特认为,很多德国人当时在回避:"因为事实太令人痛苦了,或者说,他们有机会了解事实,主观上却不想那么做(台下不安地骚动)……从我个人来说,现在我承认自己的罪责。你们看到了,当犹太人被装进卡车运走时,我既没有走上街头抗议也没有站出来呐喊。我不敢说,自己已经做了该做的一切。我不知道,我们当中谁敢这么说。但我们原本应该做些什么,这是一份历史遗产……在诸位面前,我不想隐瞒自己的想法,我们都该明白这是一份什么样的遗产。"

阿恩特接着发言:"我们应该做些什么?我们不仅要惩处那些被证明有罪的人,还要通过对凶手的宣判,为受害者们伸张正义。法庭的判词是正义彰显的缩影……足以告慰世界各地躺在集体墓地中的无名受害者们。我们必须背负这个沉重的,但眼下不为多数人理解的精神重担,我们不能回避背后罪恶和不幸堆积成的高山。"

这是我在德国议会中听到的最动人的告白，听不出其中有任何虚伪的成分。但是本文的读者们可以看到，在联邦议院的另外一间会议室，围绕着一个棘手的法律问题，阿恩特在议会辩论中又是如何表现的。他有没有实践自己的认知？或者他只是说了一些漂亮话，却没有身体力行？在阐述罪责的概念时，阿恩特避而不谈政治责任，已经算得上一个严重的疏漏了。值得怀疑的是，在议员之中，是否有人和究竟有多少人赞同阿恩特在其给定的内涵范围内对罪责概念的定义？阿恩特自己又怎么看呢？难道他在辩论中的发言与他的思想脱节了吗？难道阿恩特对历史的认知态度与他在现实中的政治主张和行为毫无关系，他只是发表了一次空洞的演讲？他唯一的坚持就是，凶手们应当受到惩处，而且"牵涉面不要太广"，这种表态显然无法令人满意。他没有做过任何符合其认罪态度的实事，从来没有从自己的认知中得出任何结论，在应该发挥作用的场合，他从来不说与他的认知水平相符的话。最终他和其他人一样满足于一个微不足道的解决方案——为了避免在世界上引起轩然大波，通过把起始计算的日期向后推几年的把戏，解决追诉时效期将在1965年5月8日到期的尴尬，既没有取消追诉时效期也没有延长它。

德勒对历史罪责有着完全不同的看法："每个德国人都生活在纳粹时期留下的可怕的历史遗产的重压之下，他们饱受良心的折磨，背负着罪责和耻辱，还要担负起伸张正义的责任……我们最终都意识到了自己的罪责，每个需要承担责任的人……我们有着苦涩的体验。我们都意识到，自己没有站出来为正义而斗争，没有足够的勇气去捍卫真理，没有勇敢地去和邪恶作斗争……我甚至感觉到，在内心深处，我们从未摆脱过对自己的谴责。"

在我看来，所谓的"痛苦折磨"，与其说出于老生常谈的"负罪感"，还不如说源自"负罪感"和追诉时效期立法问题的心理拉锯战。背后的心理动机是想一劳永逸地摆脱罪责，通过明确的成文法形式，用纯粹的法律手段解决历史问题。让我们听听，下面这段赤裸裸的话多让人难堪和惊奇："为了迎合世界各国的情绪和愿望，我们还要做些什么？难道我们必须和他们一起仇恨和诅咒自己，永远背负着罪孽？我们这么做，能让自己的民族不再蒙羞吗？不，我们可以通过合法的方式，简单而坚定地向世界表明自己的意愿，仅此而已。从法律的角度说——按照本国的法律也是如此，任何罪责都有一定的追诉期。"

冯·梅尔卡茨表达自己对历史罪责的认识时，以下面这段话作为开场白："联邦议院中的辩论很少深入到道德和政治生活的深层根源，让我们能借此认清自我……其实每一场辩论也是对自我的一次审判。"他又接着说："我们确实看到过一些被不公地折磨直至死去的人，每当想起他们，我们的内心就无法平静。"

冯·梅尔卡茨发问,当初我们究竟怎么走到那一步的?他本人的答案是,纳粹上台之前的德国文学"已经荼毒了人们的灵魂,为未来的灾难做了铺垫"。令人深感惊讶的是,他单单点名批评了奥托·朱利斯·比尔鲍姆(Otto Julius Bierbaum)——一位早被人遗忘的作家,20世纪初的香颂诗人。"我们所有人都被卷进去了,不是卷入刑事犯罪,而是指——怎么说呢——灵魂的罪责,谁都脱不开干系,这点我必须承认。"

他的说辞似乎是一种逃避态度,借着含糊的认罪逃避具体的罪责,逃避由此得出的推论,与他的认罪态度相符,他直截了当地表示:"老实说吧,在追诉时效期的问题上,我反对任何违背现行法律的尝试。"你们能惊奇地发现,他对目前的乱局居然没有任何批判。

但冯·梅尔卡茨最终改变了主意。他表示赞同"通过推迟起始日期的方式取消追诉时效期"的方案:"我并不情愿投下赞成票……但我只能如此,因为一切教条、方针和准则都必须受理性的支配……这件事关系到关键时刻的精诚团结,我们的决策将通过立法的形式影响到德国人的意识形态。"

阿恩特随即表示了"感激,这样一位严肃的思想家——认识冯·梅尔卡茨先生十六年来,我始终这么看待他——经过思想斗争，终于改变了自己的立场"。冯·梅尔卡茨先生把提案新拟定的第三条"所有司法程序只针对主犯和极端的犯罪分子"作为自己转变态度的关键原因，只有在此条款的前提下，他才会投赞成票。

本达的态度是这样的，我们必须"不掺杂任何情绪地讨论这个问题"，"我坦率地承认，我在处理这个问题时没法避免情绪波动。这里的情绪是指痛苦，我们都感到痛苦！这个问题令我们深感痛苦……整个民族与我们一起痛苦。我们只能在痛苦情绪的干扰之下，努力寻找问题的解决方法"。

我觉得他的话说得很高明，故意说得含糊不清，让听众们自行揣摩其中的含义。因此这番话永远"是对的"，但代价是，他说了和没说一样，不解决任何问题。同样因此也能让众人满意，所有人都会表示同意。

巴泽尔最后发言："希特勒上台时，我只有八岁。后来我当过士兵和军官，我自认为在为国效忠。我了解当时德国年轻人的理想主义精神是怎样被利用的。我愿意在此发言，因为我把德国当作自己的信仰。"

这真是令人惊奇的自我标榜："德国的历史远远不止纳粹罪恶统治的十二年，现在的德国是有法治的，值得尊重的……它已经变成了一个新的国家。德国现在是一个充满了人道主义、自由精神、公平正义的地方。我认为，做一个德国人是值得骄傲的。"

什么叫"把德国当作自己的信仰"？人们可以信仰上帝，但是把一个民族、一个人或者一个国家当作自己的信仰，合适吗？听上去很像纳粹提倡的思想。

"做一个德国人是值得骄傲的"？这句话容易引起歧义。我是个德国人，我不会否认这一点。但我从来不问，做一个德国人是否值得骄傲（这话听上去多傲慢啊！），我会努力地维护德国人的形象，以此赢得各国人民对我们的好感。

3 《国家和士兵报》

当联邦议院讨论一个对国家现实层面有影响的问题时，难免涉及诸多存在争议的话题，诸如人事政策、外交关系和民主状况等，并展开详细的论述。虽然它们与追诉时效没有直接关系，但也属于国家政治的范畴，在这种场合中被提及也很正常。但有一件被特意点名的事情却是一个例外。

谈到过往发生的可怕事件，阿恩特表示："我们无法对着上帝保证，从前的历史不会重演，因为像《国家和士兵报》这种字里行间充斥着反犹主义毒素的报纸还公然在德国出版。这份报纸竟然无耻地以《永恒的勒索》为标题评论德国和以色列的外交关系，听上去很像我们老一辈在魏玛时代就已熟悉的腔调。《国家和士兵报》使用的语言，适合潜在的未来凶手们。这张报纸厚颜无耻的政治立场，揭露出一个灵魂最肮脏的角落。"

联邦议院主席格斯腾迈尔（Gerstenmaier）博士谈到这个话题时说："我要向诸位议员表示感谢，你们大无畏地揭露了一桩罪恶，你们的身上体现出了崇尚自由、正直诚实的品质。"

梅茨格认为："联邦议院是否应当认真考虑，是对这股思潮听之任之呢？还是采取法律措施——即使违反新闻自由也在所不惜——阻止这些混账事？"

听到上述发言，我们感到很惊奇。议院主席热烈赞美议员们的"无畏"，可他们有什么可害怕的呢？他们又面临什么危险呢？难道《国家和士兵报》背后的力量目前正支配着德国，以至于议员冒着风险才敢说出那些话？如果议院主席嘴里的"大无畏"是真实的，他想表达的就是这层意思吧？

我们惊愕地注意到梅茨格的意图——为了阻止《国家和士兵报》的出版，我们必须采取法律措施，即使违反新闻自由也在所不惜。按照自由的精神，人们应该通过个人或者官方的途径对此类现象做出反应，对它们进行揭露，并在事实上杜绝此类现象的发生。这是整个社会的责任，应该用自由的方式来拯救自由，而不是依靠公权力的强制手段。举个例子，曾经有一位教授公开表示，纳粹德国是在战争状态下处理犹太人的问题，因此对犹太人的大屠杀属于战争行为——

尽管它也应该受到谴责，当这位教授受到攻击时，他接受了《国家和士兵报》的采访，并且对这家报纸大加赞赏，因为有一份自由的报纸能够进行中立的报道，这位教授所在的大学没有找到批判他的理由，也没有在道德和政治上与他划清界限。当时新闻媒体并未刮起愤怒的狂飙，事情悄无声息地过去了。指名道姓地批判一个并不少见的错误，这个现象本身的意义比查封《国家和士兵报》还重要。

针对《国家和士兵报》的愤怒表态像是一场空洞浮夸的表演，德国的现实应该得到揭露，但不是通过对一张报纸的廉价批判，借此展示自我的存在感和所谓"勇气"。请诸位扪心自问，有多少议员私下里赞同《国家和士兵报》的观点？谁敢拍着胸脯保证，一个都没有？我可不知道答案。

4 德勒

如果说整场议会辩论是一台充满戏剧性的舞台剧，那么幕间还穿插了一出引人注目的滑稽戏：德勒议员发表了一篇激情洋溢、气势如虹的演讲，声讨一个"极其恶毒的意图"（某家报纸从不同的视角对此事件进行了报道，称这一天是"德勒的高光时刻"）。事情的经过是这样的：

耶格尔议员高兴地表示："对国家举足轻重的两个大党，长期以来在许多重大问题上有着分歧，现在却在事关德国的自由和公理的议题上取得了共识。"同时他还提到:"在议会各党派的共同努力下,我们已经获得了国际公信力。"德勒议员在当天下午的辩论中发火了,因为耶格尔用了"对国家举足轻重的两个大党"的措辞。德勒谴责"耶格尔言辞中隐藏的'恶毒用意',他居然敢当众说出'对国家举足轻重的两个政党'。"(台下很多人叫喊插话)"我要公开挑明,您真正想表达的意思。"在一片混乱和激动的叫嚷声中,格斯腾迈尔主席大声说话了:"等一下,议员先生……您在指责别人有恶毒的意图。"德勒回答:"对,极其恶毒,主席先生。"议院主席说:"我认为,议会里出现各种矛盾属于正常现象,我自有尺度,但在此我还请您注意分寸。"德勒答道:"'对国家举足轻重的两个大党在有关公理和自由的议题上取得共识',言外之意是,德国议会的第三大党——自由民主党——对国家没那么重要。"(台下的喊声:它不是一个大党!)"它试图给我们贴上耻辱的标签,公理也好,国家也好,都与我们的政党无关。其用意是恶毒的,极其恶毒。"基民盟党团主席巴泽尔请求发言,但是被德勒拒绝了:"我正在阐述原则问题,我还没说完呢。"巴泽尔后来说出了他当时想说的话:"您愿意接受我作为基民盟/基社盟党团主席的解释吗?我要说的是:我们的盟友——自由民主党(FDP)也是对国家举足轻重的政党。"等德勒发完了火,巴泽尔已经没法再提问了,只能先进行解

罪责论 | 183

释。现在大家明白了整件事的来龙去脉了吧。耶格尔没有针对德勒的指控做出任何表态。当会场的激动气氛达到顶点时，联邦议院主席谨慎地说："您可以对耶格尔议员的言论有这样那样的猜疑，但您无法证实，这就是真的，因此您也无法指控并且证实，他的言语里藏着恶毒的意图。"但最后巴泽尔说："我不希望，德勒的演讲成为一场对过去和未来产生影响的闹剧。"

Ⅷ 联邦议会的议员们

议员们彼此称赞：阿恩特赞美德勒"优美典雅的辞藻"，"我非常敬重的德勒先生，我看到他努力地进行着思想斗争"（阿恩特），"动人的语言"（本达对德勒的赞美），"他的演讲感人至深"（耶格尔对埃勒尔的评价），诸如此类的溢美之词。人们对彼此的思想品质互打高分，互相认可，沾沾自喜地共同沉浸在精诚团结的氛围中。本达出场时得体的发言就已引领了这样的社交氛围："亲爱的同事们，我们没有必要向周围人证明自己的品行。我不会强迫任何有着不同观点的人，我认为，所有观点都值得尊重。"

在第二次会议上（3月25日），第一次会议被抬高成"创造了一种继往开来的新精神"的历史事件。本达谈到了"3月10日的发言者"和当时"令人难忘的气氛"。巴泽尔则认为"在对该提案进行一读的过程中，整个议会被那种精神打动了，在其感召之下，今天我们才能以多数票通过的形式做出了决策"。

到底是什么精神呢？它只是让人们在一桩不可避免的事情上取得了最低限度的成果，这种"精神"根本就不是真正的精神，只是虚伪造作的策略——人们以浮夸的言辞掩饰自己不得不完成一件棘手的事情。或者说，这种"团结的"精神反映了职业政治家们彼此虚与委蛇、携手维护利益共同体的精神风貌？昂扬向上的气氛，看似崇高，却没有任何实际效果，并没有值得推崇之处。

会场上也出现了一些尖锐的声音。布塞说："今天的情况证明了，持不同意见者目前使用的辩论方法与议题的严肃性并不相称。"

但是多数议员把分歧和敌意视为无关紧要的小插曲。在会议结束后，联邦议院主席表达了对议会的满意态度，副主席施密德博士在第一次会议结束时说："给议会打分不是联邦议院主席的工作职责，但我仍愿意借此机会向联邦议院表达个人的敬意。"然后，针对议事日程中的下一个议题，第一位发言者瓦格纳（Wagner）说："经过如此激烈的辩论——它对于我们的专业知识、责任感和良心都是极大的考验——很难再继续讨论下一个议题……"

本达提案的三读程序结束之后，联邦议院主席格斯腾迈尔博士表示："联邦议院的议员们感觉到，它超出了普通的日常工作……它不仅是一场非常有意思的法学辩论，并不代表时隔二十年之后不肯妥协的冷血复仇……不，如果我正确地理解了在座诸位的内心想法，我们此刻做的一切只是为了伸张正义，都是出自正直的愿望，让我们彻底摆脱现代历史的负担，也让我们能无愧地面对自我和面对世界。"

在这场辩论中，有一位政治家决定了整个议会的"精神"基调，这个人就是本达。他曾经默默无闻，这次凭借着审慎和谦逊的个人风格，一举扬名，成为议会中的风云人物。他递交了一份能起到实际作用的提案，他主导了本党派的内部讨论，让党内同僚的意见发生了转变。他在议会辩论中的发言得到了多数人的认可。他逐渐积累了口碑，赢得了比其他任何人都多的赞美。

希尔施说："我们大家都有理由对本达先生的发言表示感激……尤其考虑到，他是新生代青年的代表。德国的年轻人能有此见识，令我深感欣慰。"

雅恩赞扬本达"具有说服力的语言和精彩的论述"，迪特里希声称"同事本达的言论打动了我"，阿恩特也赞美其"精彩的发言"，梅茨格说："首先我要对本达先生表示衷心的感谢……尤其令我欣慰的是，在一片群情激昂中，这位年轻的同事在发言时还能保持着克制的态度。"居德说："我的同事本达在实践理想的过程中表现出的高贵态度，令我极其欣赏。"

诸位读者可能会发问了，本达是如何取得如此独特的效果？他并没有什么魔力，也不是靠着蛊惑人心的手段或者讨人喜欢的外表，"他的脸看上去快快不乐，显得有些局促不安，举止也谈不上优雅"，"本达是个典型的柏林人……性格开朗，从不多愁善感且富于自嘲精神"［瓦尔特·亨克尔斯(Walter Henkels),《法兰克福汇报》,1965年7月27日]。

本达能获得成功,原因在于,他在貌似无路可走的压抑状态中找到了一条出路。他独特的才能还表现在以下方面:为达到目的不惜放弃一切的能力——同时还为"放弃"寻找冠冕堂皇的理由,诸如精诚团结、民族尊严等,他的发言清晰明白又能抓住重点,让每个人听着都很舒心,觉得符合自己的心意,这是因为他总是拣别人爱听的说,但说的话又没什么实质内容,说了和没说一样,他永远恪守着社交礼仪,永远能找到最谨慎、最体贴、最友善、最礼貌的措辞。

所以本达才能找到一条出路,为大家指出了方向——把一桩令人厌恶的事情包装成一个崇高伟大的事件。

本达的祖父是个犹太人,曾经当过少校,后来在德国国防部任职;他的父亲是个少尉,在自由军团服役,本达的家庭充满了民族主义和铁血的气息。纳粹时期本达被视为"二等混血儿"(摘自亨克尔斯撰写的文章),这个身份冲淡了其成长环境赋予他的独立精神与民族主义并重的意识形态。

由此可以理解,为何本达能轻松地获得成功,虽然他本人并不想承认,由于成功来得太容易,他可能根本没有理解整件事的意义。最后一次发言时,他请求做"一个最终的点评":"我感觉到,有一些跨越了党派藩篱的力量在议院中茁壮成长,我认为,它们在未来联邦议院的决策过程中还会产生影响……因此我对未来寄予了厚望。"

到底是什么样的希望呢？寄希望于议会的团结精神？目前表现出来的"精诚团结"？这种"团结精神"在所有党派结成共同体的寡头政治中迅速成长，各个党派一方面争权夺利，另一方面为了维护共同的利益团结起来以达到自保的目的，他们从来不把国家和民族的安全放在首位，只关注政治寡头们的安全。日臻完美的社交礼仪也属于"同僚之情"的体现，彬彬有礼的面具下可能是政治上的死对头。这种"团结"既无法代表，也不能反映出民族的团结精神。我们要警惕这种"团结精神"和本达的"厚望"可能招致的未来命运！未来可能形成一个政客集团（由一些最终将实行独裁统治的政治寡头们组成），他们在国家机密的庇护之下，通过不断地限制基本权利，通过实行紧急状态法保证自身绝对的安全。他们把自己视为国家和民族的化身，最终让国家和民族走向毁灭，或者把二者绑在自己的战车上。这些容后再谈。

仔细观察联邦议会的全体议员，联邦德国的职业政治家们，我们会得出一个公正的结论，大家不应忘记，联邦德国还缺乏在道德和政治上立足的根基。我们殷切地希望，未来能建立起立国的根基，在失去希望的境地里，重新建设曾被破坏的一切。

这次议会辩论也再次证明了，德国缺乏立国之本——当议员们意识到这一点时,他们感到极其不安。他们谈论它,随后又抛之脑后。他们虚构了一些概念,作为个人观点表达出来。

以上种种勾勒出了某一类典型人物的肖像画,我们在近几百年德国的历史画卷中非常熟悉的一种人物形象[自从1866年萨多瓦-科尼格拉茨(Sadowa-Königgrätz)战役的军事胜利之后,强大的、非联邦制的、虚假立宪的、政治上不自由的统一帝国建立,自由主义者、联邦主义者和议会政体支持者的意识形态遭遇可怕的崩溃]。自那时起,他们就无法完全诚实地思考,为了接受内心抵触的东西,他们必须时时做思想建设。在议会中得到认可的人们对自己感到满意,因为他们成功地压制了别的声音,甚至让它们彻底消失。

从1945年开始,直到今天,遗忘某些令人尴尬的往事——至少不再谈起它们,被看作优雅得体的处世风格。人们喜欢空泛的话题,他们知道交谈时哪些东西不能谈,一般情况下,总是避免涉及具体的事例,不愿意指名道姓。因此《国家和士兵报》作为当今德国的一个社会现象被点名批评,是一个引人注目的特例。德国社会的风气让人感觉到,似乎有某种不可言说的东西隐藏于幕后,人们不想刨根问底地追究真相,干脆含糊过去了,只当什么都没发生。但在正派人的眼里,这种暧昧的风格显得很不老实,所以引起了他们的不安、反感和敌意。

在会议上发言的议员们因不同的优点博得众人的交口称赞：有些人学识渊博（尤其法学家们）；有些人博闻强记，他们对立法机构、政府和议会中发生的历史事件了如指掌；有些人思维敏捷、反应灵敏；有些人思虑深沉；也有一些人具备出色的口才和优雅的风度。

但是这些深思熟虑的头脑也有一些局限性。他们认定，德国的社会发展之中必然蕴含着一个全民的基本意愿，这是理所当然的、众所周知的，也是形成共同的意识形态的前提，但事实上它并不存在。政治家们只有搞清楚这一点，才有可能阻止暗流涌动的发展趋势，不至于产生一人暗中弄权、众人目瞪口呆地面对既成事实的糟糕局面，就像1933年希特勒上台时的情形，那时我们曾惊恐不安，简直无言以对。

如果我们深入了解议员们的思想和言论，仔细观察他们如何决策国事及其沉默放纵的态度，就不由得对他们产生糟糕的印象。

我担心自己的看法不够公平。作为一个哲学教授，受国家的委派和重托，我一生都在和几千年中出现的伟大人物——那些伟大的思想家或者说伟人们——打交道。我已经习惯了与那些超凡脱俗的伟人们的亲密接触。我了解他们做决定和行动时的严肃持重，也明白他们的想法和信念的驱动力。随着教育普及化，所有人都会逐渐熟悉和了解他们，我们应该从中助力,让这一天早日到来。但目前我们还不能指望这会成为普遍现实。

虽然可能有失公允,但我们还是应该参照历史纵向比较的高标准,把这些议员的糟糕形象完整地刻画出来。现在的政治家就像二十年代的政治家们一样(除了少数例外)缺乏坚定鲜明的个人形象。他们表情虚假,言不由衷,在一些严肃的问题上无法挺起腰杆坚持正义。如果摘掉正人君子的面具,他们的本质倒也不坏,只是内心空虚孱弱,以至于做出一些让人难以理解的事情。换句话说,他们不像真正的"男子汉"。一个男子汉,或者说一个真正的人,应该勇敢而坦诚,说老实话,不逃避,不退缩;他的行事风格朴素而令人信服;他坚持自我,对事情有担当;承担重大责任时,他尽心尽力,有雄心却无虚荣心,值得别人信任,即使面对千难万险也毫不退缩;他在遇到危险时有准确的判断力;他在高度的审慎中保持着勇气;他明白自由中蕴含的恐惧;他从来不屑使用不够光明正大的手段。他知道自己想要什么,从来不会惊慌失措。他头顶着自由的苍穹,脚踏着坚实的大地。他既高瞻远瞩,又能做好当下的小事。他的发言简洁明了,所说即所想。他说的话具有现实的普适性,并非就事论事,虽不是具有前瞻性的预言,却能让人借助思考和判断能力适应形形色色的新情况。每一个灵魂自由的人都能和他对话,彼此引为知音。当他有什么不明白的,他会直接说出来。他能意识到自己的错误，而且敢于承认和改正。他了解自己的水平，不会高估自己的能力。他勇于放弃，但在力所能及的范围内，他对自己又有足够的信心。他不会神化自己，而是用实力说服别人。他有着自由的灵魂，同时希望每个人都是自由的。他通过以身作则的方式影响他人，让别人也活得自由自在。当条件不足时，他也会失败。他不想装腔作势地摆出伟人的姿态，只愿当一个有局限性的凡人。肯尼迪，也许还有丘吉尔，属于这种类型的人。当这类人物活着时，我们能感受到。我们能够信赖他们。

联邦议院的政治家之中当然有很多优秀的人物。我们对一些政治人物颇有好感，对另一些感到厌烦。不管好感还是厌恶都无关紧要，政治人物另有一套衡量的标准。他们活动的空间与正直的品行没有多大关系，这里吹着"政治格局"的风，他们必须站立在历史的狂飙中。这些人必须为历史的进程承担起责任，他们不仅要管理小事，还要处理大事，二者共同决定了他们的原则和日常生活中的行为方式。他们不但要关注人们当下希冀的生活，还要为世界上即将到来的重大历史时刻未雨绸缪地做好准备。联邦德国的现状，它的能力和表现，德国民众的内在意志中蕴含的真正力量，德国的奋斗目标，不光要做好各种准备，还要为未来几年乃至几十年提前做出重大决策。现状不光指当下的情况，还包括即将发生的事。某个时刻不光指转瞬即逝的瞬间，还指向它在历史中的位置。

一旦我们用这种眼光来观察议员们，就会用迥然不同于个人生活的标准来评判他们。他们有着"更高的目标"。这里不存在心理上的原谅或者人道主义的理解。他们必须特别严谨，一旦有什么疏忽，就可能犯下致命的错误。

在联邦议院每一次会议上，人们不断暗示自己的重要性，很多人确实如此。我们已经看到了，他们是怎么表现的，怎么自我宣传的，又怎样导致可怕的自我欺骗。

我们要问这些政治家，为了正在建设的新国家，你们想了什么？说了什么？又做了什么？几乎等于零吧。你们让一切滑入"常态"的政治程序，让它填满贯穿重大历史事件和灾难节点的时间线，由于种种失误它已经导向了险恶的方向，就像1914年和1933年之前发生的，也像未来某个时刻即将发生的。

这些正派的政治家喜欢使用充满激情的语言，用它来掩饰暧昧的东西。

多幸运啊，他们找到了前来帮忙的新生代议员本达！他们和这个年轻人一起再次重复（或者头一次）犯下错误，试图再一次掩盖最基本的问题，这样他们就能继续保持暧昧的态度，同时还增添了道德上的优越感。

但是，无论如何这次议会辩论是一次可以把握的机会。我们可以揭露他们，就像我正在做的！一种新的精神正在破土而出。议员们很激动，他们感觉到出现了某种不同寻常的东西，他们害怕它，竭力想制止它。

议员们没有把握住破土而出的新精神，因此他们的论战注定无法达到一个高水平，只有高水平的辩论才会展示出，各方论战带来的思想撞击能结出多么深刻和丰富的成果。从中可能诞生真正伟大的、内涵丰富的、富有创造力的政治生态。但现在的情况正好相反。辩论水平低还体现在议员们对待彼此的态度上，他们要么认为别人有着最美好的愿景，所有的意见和决定都出自最纯粹的善意，要么把对方看作可有可无的角色，是吓唬和利用的对象，可以对其用尽手段（他们甚至公然采取"又打又拉"的计策）。两种相反的态度相辅相成。

事情原本可以不是这样。人们原本可以不用大谈"良心"，无须使用"良心"这一字眼，就能让人们的良心互相沟通。让别人凭良心发言的要求，是一种狂妄的姿态。人们在发言时只需罗列事实和理由，他们有可能欺骗，也有可能随意说一些空洞无物的话，但是有时他们也会发自良心地思考问题，这时他们说出的话就会打动其他人的良知。

如果历史学家对联邦议会还有兴趣，他会发现，那些自我标榜的发言缺乏实质性的思想理念——什么都没有，自由的号召未曾深入到民间，没有产生真正的决策，只是将追诉时效期的终止日期向后推了几年，同时推出一部意在大规模庇护纳粹案犯的法律，议会表面的团结是以微不足道的维持底线的工作成果为代价。在人们通过语言和行动不断强调的"团结气氛"中，这出大戏最终沦为真正的团结精神的一个仿制品。

议员们在民间的声望不断降低。社会上常能听到一些讥讽的言论，举个例子，《德国每日镜报》报道了竞选中大量分发礼物以及德国总理和联邦参议院（州政府）后来的态度，最后评论说："我们选出的议员们，那些被当众要求'守秩序'的人，这次表现如何？他们看上去就像挨训的小学生。"

IX 我的电报

在这次重要会议召开的前夜，我陷入不安的情绪中，也许因为我正卧病在床吧，在愚蠢的内心激情驱使下，我给德国联邦议院主席欧伊根·格斯腾迈尔拍了一份电报。它淹没在发给议院主席的五百封信件中，由于个人精力有限，他根本没机会看到那封电报。我对电报的内容——而非拍电报这个行为——非常满意。现在复述电报的内容如下：

如果我是一位政治家，我将竭力推动人们做出三个决定：

1. 为了不让欧洲人的良知再受伤，请立即废除所有反人类罪行的追诉时效期。

2. 授权德国政府尽快制定一部针对反人类罪行的法律，让法官们审判此类罪行时不再陷于矛盾和束手无策的境地。

3. 提醒大家注意，国际法优先于国内的法律，并促进以此为基础的立法工作。

电报中的三个要点在议会辩论中都没有出现。

第一点，废除所有反人类罪行的追诉时效期，这点根本不会被人提起，因为他们认为"反人类罪"的概念压根不存在，他们的脑子里只有谋杀罪的概念。我们不妨猜想，当本达提出以"取消谋杀罪的追诉时效期"为目的修改提案时，他就是这样的心态。不过这从表面上也看不出端倪。

第二点，针对这类在罪恶国家的特殊环境中才有可能产生的新型犯罪，专门制定一部法律，只有当一个罪恶国家的理念产生的恶果完全呈现后，这些罪行才会被感知到。由于此类罪行在正常的文明国家绝不可能存在，它们也就不可能出现在法治国家的刑法典中。但是法治国家可以依照某个罪恶国家的特殊状况，预防性地制定法律，针对此类陌生的罪行确定罪名并决定如何惩处，而这部法律的正式实施，要等到未来再次出现的类似纳粹德国的罪恶国家覆灭之后。它不是一部适合法治国家的新刑法，因为这些罪行在法治国家里根本不会发生，从根本上讲它们属于国家罪行，当然也包括个人的犯罪行为。这部特别法与普通的刑法几乎没有交集，但在联邦议院的会议上，没有人指出制定这部特别法的必要性，有人描述了目前德国法官们在审理此类案件时的尴尬状态，算是旁敲侧击了一下。但没有任何迹象表明，他们认为有必要完善目前的法律制度。

第三点，根据德国宪法（第25条）的规定，国际法优先于德国法律，但没有一个议员提起这一点，当阿恩特谈起保护人权与基本自由的《罗马公约》（1950年签订）时，也没有涉及这一点。

鉴于上述三点在议会辩论中都没有被提及，我不由得扪心自问，自己的想法是否太不现实，是否耽于空想和乌托邦？还是全体政治家们都在回避与德国立国之本相关的问题？

到目前为止，我无法说服自己，是自己的想法太不现实或者不符合逻辑。因为我认为自己既看到了现实，也看到了某些更有益于全人类和德国人民福祉的事物，我希望我的反对者能更坦率地表达自己的意愿，承认事实，耐心倾听别人反对的理由。

现在我提一个问题，为什么德国的政治家们总想逃避呢？我估计原因如下：因为真正的蜕变并没有完成，也没有被要求完成。因为人们还想照常生活下去，不想有任何改变，他们认为自己已经消除了纳粹余毒，或者认为自己从来没支持过纳粹。因为人们有一个妄想，以为议会等机构已经足以构成自由国家的屏障。因为他们只想要安全感，除了安全感之外别无所求，为此他们不惜维持虚假的内心状态。政治家们想逃避，因为他们意识到了，德国的立国之本并不存在或者只是一个谎言。他们是否没有勇气接受摆在德国共和主义者们面前的尚未完成的艰巨任务？正因为如此，他们的不安全感和困惑在日益增长，却又不想直面现实，所以徒劳地用自信、骄傲和狂妄的姿态来对抗这一切？

这次会议被与会者们描述成对国家有重大意义的伟大事

件，但如果我们在它面前放置一面镜子，就会发现镜中的形象并不美好。从一个国家的管理方式，国内的实际运作规则和潜规则以及发展趋势，我们很容易看出它自身的问题。看到面前呈现的形象，我们很可能会对这个国家持否定态度。我不希望德国最终找到的是一条虽然舒适，但是毫无建树也缺乏责任感的出路。

参考书目

《罪责论》：

1945—1946年冬季学期《德国人的精神状态》大学系列讲座的部分讲义内容，整篇文章包括讲义的导论部分、探讨罪责问题的主体部分和1962年撰写的《罪责论》后记。

参考版本：《希望和忧虑——论1945—1965年的德国政治》，作者：卡尔·雅斯贝斯，慕尼黑1965年出版，第67—149页。1946年首版，1947—1963年共再版六次，曾被翻译成英语、意大利语、瑞典语、西班牙语、法语、日语、希腊语和捷克语。

《德国联邦议院关于纳粹德国大屠杀罪行追诉时效的辩论》：

参考版本：《德国往何处去——事实、危险和机会》，作者：卡尔·雅斯贝斯，慕尼黑1966年出版，第47—123页（首版）。1966年、1967年至1968年总共再版九次，曾被翻译成西班牙语和意大利语。

Karl Jaspers
Die Schuldfrage

图书在版编目（CIP）数据

罪责论/（德）卡尔·雅斯贝斯著；寇亦青译.——上海：上海译文出版社，2023.10
（译文经典）
书名原文：Die Schuldfrage
ISBN 978-7-5327-9242-9

Ⅰ.①罪… Ⅱ.①卡… ②寇… Ⅲ.①侵略战争－研究－德国－现代 Ⅳ.①K516.5

中国国家版本馆 CIP 数据核字（2023）第 161720 号

罪责论

[德] 卡尔·雅斯贝斯 著 寇亦青 译
责任编辑/刘宇婷 薛倩 装帧设计/张志全工作室
上海译文出版社有限公司出版、发行
网址：www.yiwen.com.cn
201101 上海市闵行区号景路 159 弄 B 座
上海盛通时代印刷有限公司印刷

开本 787×1092 1/32 印张 7.25 插页 5 字数 103,000
2023 年 10 月第 1 版 2023 年 10 月第 1 次印刷
印数：0,001—6,000 册

ISBN 978-7-5327-9242-9/B·536
定价：48.00 元

本书中文简体字专有出版权归本社独家所有，非经本社同意不得转载、摘编或复制
如有质量问题，请与承印厂质量科联系。T：0512-021-37910000